Si la FRANCE m'était contée...

*Voyage encyclopédique
au cœur de la France d'autrefois*

Volume 1

Chez le même éditeur

Collection « Au Temps Jadis »

Petits mensonges historiques : *enquête sur des mots historiques célèbres mais jamais prononcés, 2012*

Fêtes populaires d'autrefois : *les réjouissances de nos aïeux, 2013*

Histoire pittoresque des métiers *(tome 1), 2013*

200 jeux de notre enfance *en plein air et à la maison, 2014*

La publicité d'antan s'affiche *(tome 1) : la réclame d'autrefois à travers les affiches publicitaires, 2014*

La publicité d'antan s'affiche *(tome 2) : la réclame d'autrefois à travers les affiches publicitaires, 2014*

Histoire de France : *l'indispensable pour devenir incollable, 2015*

Grandes légendes de France *(tome 1)* **:** *10 récits merveilleux de nos aïeux, 2015*

L'encyclopédie du temps jadis : *collection des 40 numéros parus entre 2003 et 2014 de la publication* La France pittoresque

Collection « Figures de France »

Si Jeanne d'Arc m'était contée... : *savoir l'essentiel sur la Pucelle, 2015*

Collection « Nos Villes et Villages Pittoresques »

Une saison d'été à Biarritz : *Biarritz autrefois, Biarritz aujourd'hui, 2014*

Si la FRANCE m'était contée...

*Voyage encyclopédique
au cœur de la France d'autrefois*

Volume 1

La France pittoresque

La France pittoresque

COLLECTION « Au Temps Jadis »
Dirigée par Valéry Vigan

© La France pittoresque, 2015

Illustration de couverture : d'après *Paris-Tailleur*, affiche publicitaire parue en 1906 et réalisée par Marcellin Auzolle (1862-1942)
Site Internet : www.france-pittoresque.com
Mail : info@france-pittoresque.com

« Hâtons-nous de raconter les délicieuses histoires du peuple avant qu'il ne les ait oubliées. »

(Charles Nodier, 1840)

Quand CHAPEAUX et COIFFURES faisaient le délice des caricaturistes

Quand on voit avec quelle simplicité les femmes se coiffent aujourd'hui, on a peine à comprendre comment, sur la fin du XVIIIe siècle, elles avaient été amenées à donner à leur coiffure des formes si extraordinaires et si démesurées. L'art d'un perruquier ordinaire ne leur suffisait plus, et il fallait y joindre celui du serrurier pour ajuster tous les ressorts de ces machines énormes qu'elles portaient sur la tête.

Le grand bonheur des caricaturistes

La caricature s'était emparée de cette mode ridicule, et en avait fait justice. Celle que nous donnons fut accompagnée de bien d'autres. On représenta les femmes ainsi coiffées, suivies de maçons et de charpentiers pour agrandir les portes par où elles devaient passer. On eut l'idée aussi de cacher de la contrebande sous ces gigantesques chignons, et de les faire ouvrir par les commis aux barrières, qui en tiraient des provisions suffisantes pour garnir un marché. Cependant il ne faut pas trop reprocher aux femmes cet attirail incommode qu'elles entassaient sur leur front ; les hommes leur avaient donné l'exemple, et, avant qu'elles n'inventassent au dix-huitième siècle toutes ces modes exagérées, l'autre sexe en avait fait autant au dix-septième siècle.

Il faut souffrir pour être belle
Estampe extraite de l'*Album du bon ton*

Sous Louis XIII, les hommes portaient des calottes ; l'idée vint d'y joindre des cheveux postiches pour déguiser l'absence des cheveux naturels ; puis on parvint à faire tenir les cheveux postiches sans calotte, et alors la perruque fut trouvée. Cette invention fut déclarée admirable ; et Louis XIV était encore bien jeune lorsqu'en 1656 il créa trente-huit charges de barbiers perruquiers qui avaient le privilège exclusif de l'exploiter. Elle prospéra rapidement.

En 1673, Louis XIV institua deux cents nouvelles charges. Jusqu'alors, les rois de France et les gentilshommes s'étaient distingués par la barbe et par la moustache. Louis XIV ne garda plus qu'un léger filet au-dessous de la lèvre inférieure ; mais il remplaça l'ornement qui manquait au bas de la figure par celui qu'il ajouta sur le haut, et la perruque devint le signe de la noblesse.

Les perruquiers ne cessaient pas d'imaginer de nouvelles modes pour se rendre plus importants, et de s'éloigner toujours plus de la simplicité de la nature. Après avoir inventé la perruque, ils inventèrent la poudre. Louis XIV ne pouvait souffrir cette dernière création ; peut-être voyait-il, dans ces frimas artificiels qu'on voulait jeter sur sa tête, l'image de la vieillesse qui lui était odieuse, et dont il se défendit jusqu'au bout. Ce ne fut qu'à la fin de sa vie qu'il consentit à ce qu'on le poudrât un peu, de manière à ne le blanchir que légèrement. Mais Louis XV porta dès l'enfance cette poudre, symbole de vétusté, que son aïeul avait toujours repoussée.

La mode masculine à l'origine de toutes les excentricités

Les femmes conservèrent longtemps plus de simplicité dans leurs coiffures. Sous Louis XIV, elles n'avaient ni perruque ni poudre : sous Louis XV, elles se poudrèrent ; mais elles gardèrent leurs cheveux très bas par devant, de manière que leur front dominât et restât découvert. Ce n'est guère qu'à partir de l'avènement de Louis XVI que les coiffures des femmes prirent ces accroissements bizarres dont nous parlions en commençant ; et une fois que cette mode fut prise, elle ne connut plus de bornes ; elle changea avec une rapidité merveilleuse, non pas pour se corriger, mais au contraire, pour prendre des développements toujours plus singuliers et plus extravagants.

Mode/Costume

L'embarras des capotes
Estampe extraite de l'*Album du bon ton*

La nomenclature de toutes ces coiffures est par elle-même fort curieuse. Les noms qu'on leur donnait venaient quelquefois de leur forme, comme ceux-ci : le hérisson à quatre boucles, le parterre galant, le pouf à la chancelière, le pouf à droite, le pouf à gauche, le bonnet à fusée, le casque à la Minerve ou à la dragonne, la Phrygienne, la Daunienne, la coiffure au Colisée, à la laitière, à la baigneuse, à la marmotte, à la dormeuse, à la paresseuse, à la paysanne, aux clochettes, aux aigrettes, au fichu, la corbeille, le croissant, la Circassienne, l'Orientale, le bandeau d'amour, le chapeau en berceau d'amour orné de fleurs.

Quelquefois aussi ces noms étaient empruntés à des événements, comme le chapeau à l'anglaise, à l'américaine, à la Voltaire, à la victoire ; quelquefois encore, aux succès de théâtre, comme la Gabrielle de Vergy, la Cléopâtre, l'Eurydice, le bonnet à la Raucour. On ne se bornait pas à faire des pyramides de cheveux, comme dans la caricature que nous donnons ; on jetait encore par-dessus tous ces crochets, ces poufs, ces chignons et ces tapis, des rubans en quantité, des fleurs, des fichus, des chapeaux, des bonnets, qui étaient construits en même temps que la chevelure, et qui avaient l'air d'un véritable étalage de marchandises de toute espèce. La Révolution, qui déracina les tours de la Bastille, fit crouler aussi celles qu'on avait amoncelées sur la tête des femmes. ∎

D'APRÈS...
> *Le Magasin pittoresque* paru en 1837

Foulards, chapeaux, perruques...

Sous l'Empire, les coiffures, les chapeaux changèrent de nom encore plus souvent que les robes, mais en somme il n'y en eut que de deux espèces : le turban et le chapeau. Que le turban prenne le nom de coiffure « à la ionienne », de coiffure « à la Samarie » ou de « toque juive », c'est toujours le turban. Tantôt, composé d'un foulard blanc ou semé de petits dessins de couleur, il cache complètement les cheveux, dont quelques mèches seulement entourent le front et les joues ; tantôt c'est un foulard brodé, de couleur voyante, enroulé seulement autour du chignon, laissant les cheveux bouclés et très ébouriffés encadrer l'ovale de la figure. D'autres fois encore, le foulard, passant sur la nuque, vient s'attacher au sommet du front et y forme de nombreux plis. C'est visiblement un artifice destiné à déguiser la présence de la perruque dont usaient les élégantes qui, coiffées à la Titus dans la journée, montraient le soir une coiffure à la grecque, aux tresses d'autant plus volumineuses qu'elles étaient d'emprunt.

On pourrait croire que cette mode bizarre de la coiffure à la Titus n'eut pas de durée ; il n'en est rien cependant, et, en 1810, Palette, un artiste du ciseau, en composa l'éloge : « Combien, s'écrie-t-il, ont le front large et les tempes trop découvertes ! la Titus couvre également ces défauts. Combien d'autres encore n'ont ni les traits fins et réguliers, ni certains jeux de physionomie, que la Titus donne à celles qui en sont dépourvues ! Combien de personnes enfin ont le malheur d'être nées avec des traits défectueux ou ravagées de la petite vérole, qui deviennent très supportables par la Titus ; pour beaucoup elle arrête le temps et fait croire qu'il s'est trompé. Heureuse qui la première a su la rencontrer ! on lui doit le bonheur philosophique de s'enrichir en se dépouillant. » Un plaidoyer si éloquent ne peut être que l'œuvre d'un homme convaincu. Aussi convaincus pour le moins étaient ses confrères qui, fuyant la Titus, prônaient la coiffure à la chinoise, véritable supplice pour leurs infortunées pratiques.

Les chapeaux n'étaient souvent quant à eux que de simples capotes bouillonnées ; le fond, ordinairement de soie rayée ou de soie blanche piquée, épousait à peu près la forme de la tête, tandis que le devant finit par prendre de telles dimensions que la figure s'y perdit comme au fond d'un entonnoir. Les caricaturistes ne manquèrent pas une si bonne occasion d'exercer leur verve et de ridiculiser un couvre-chef si commode. Les natures sensibles, pour lesquelles les démonstrations affectueuses étaient un besoin, n'y devaient point trouver leur compte : deux élégantes mises à la dernière mode étaient destinées à ne jamais s'embrasser ; on avait bien la ressource de se donner des poignées de main, mais cette habitude anglaise n'était pas encore tout à fait passée dans les mœurs.

L'été, les chapeaux de paille faisaient fureur ; on en portait de toutes les formes comme de toutes les dimensions, ornés de plumes multicolores, de nœuds de rubans ou de bouquets de fleurs des champs. Un passage d'un auteur du temps donnera une idée de la tâche qu'entreprendrait celui qui voudrait écrire en détail l'histoire des métamorphoses du chapeau pendant les quinze premières années du dix-neuvième siècle : « La femme élégante doit mettre un soin tout particulier à distinguer entre mille chapeaux celui qui fera le mieux ressortir les charmes de sa figure. Il est de rigueur qu'elle reçoive tous les jours la visite de sa marchande de modes, parce que tous les jours il se fait quelque changement important, quelque découverte nouvelle. »

Une caricature de la fin du XVIIIe siècle

Quoi qu'il en soit, les marchands de modes paraissent avoir fait, dès cette époque, aux modistes une concurrence semblable à celle que les tailleurs firent plus tard aux couturières. Leroy, au Palais-Royal, était le seul qui, vers l'an de grâce 1809, eût le don de vous vendre un chapeau qui convînt à votre figure : « Ici, Cabasson et Quiclet font briller et le riche diamant et l'or artistement travaillé ; là, l'ingénieux Leroy offre à la beauté ces chapeaux élégants qui doivent lui donner un nouvel éclat ; plus loin, Alexandre élève ces brillantes pyramides où la gaze légère le dispute à l'or et à la soie. » Le Palais-Royal était alors, comme il le fut encore longtemps, un lieu de promenade très fréquenté du beau monde en même temps qu'un immense bazar où se vendaient toutes les nouveautés que le goût parisien avait su inventer. ∎

D'APRÈS... Le Magasin pittoresque paru en 1882

La France pittoresque — XVIᵉ XVIIᵉ **XVIIIᵉ** XIXᵉ — Légendes/Insolite

1771 : un ESCROC magicien sévissant dans la Somme rattrapé par la justice

La magie fut longtemps une espèce de Charlatanisme fort lucratif pour les impudents qui osèrent se donner le titre et les pouvoirs de Sorcier. Cette manière d'escroquer le peuple crédule et le villageois ignorant, est heureusement bien déchue, et n'est pas aujourd'hui

Scène de chiromancie. Un jeune baron et sa fiancée chez une devin

d'un grand rapport : cependant il se trouve encore des fripons qui, pleins de confiance dans la stupidité du peuple, osent encore prendre en main la baguette mystérieuse du Magicien ; et ce qu'il y a de plus étonnant dans notre siècle, c'est qu'elle leur réussit encore, et qu'il est toujours des dupes prêts à les croire, aux dépens de leur bourse. Un paysan de Picardie avait embrassé le métier d'Escroc, sous le titre de Devin et de Sorcier ; et depuis 1769, époque de ses premières liaisons avec le Diable, il se faisait un fort joli revenu de la sottise de ses compatriotes. Il paraît qu'il avait reçu du chef des Sorciers des pouvoirs fort étendus, et sa science embrassait plus d'un genre de secrets et d'opérations merveilleuses.

Il offre de découvrir, par magie, des trésors cachés dans les maisons

Une des ses premières dupes fut un meunier qui voyait à regret que le vent faisait tourner d'autres moulins que le sien. Notre magicien se chargea de rendre ceux de ses confrères immobiles, et lui escroqua 48 sols. Content de son essai, il en fit un second sur un autre meunier, qui réussit de même ; mais il prescrivit à celui-ci un pèlerinage à Notre-Dame de Liesse, et voulait encore lui faire

Un nécessaire du XVIIIᵉ siècle

Le mot *nécessaire* est le nom moderne d'un genre d'objets d'invention fort ancienne, et dans la fabrication desquels les gaîniers ou écriniers du Moyen Age, pour ne pas remonter plus haut, mettaient un art tout au moins aussi ingénieux et délicat que ceux de nos jours. Ils faisaient pour toutes sortes d'usages des boîtes ou étuis divisés en petits compartiments où la place était habilement ménagée. Il y en avait pour les bijoux, pour les épingles, les miroirs, les peignes, les ciseaux et autres instruments de la toilette des dames ; pour les poudres et les parfums ; pour les images saintes, reliques et patenôtres ; pour le couteau, la cuiller, la fourchette, dont l'emploi était rare alors, et le cure-dent d'or ou d'argent que l'on emportait en voyage.

Le maître queux tenait enfermés dans une trousse les outils de sa profession et quelquefois des épices dans une tirette à part ; le clerc, l'écritoire, les plumes, le canif, qu'il portait de cette manière suspendus à sa ceinture. On trouve dans les anciens inventaires la mention d'un très grand nombre de ces petits meubles qui étaient souvent des objets de prix. Quelquefois aussi ils furent donnés en cadeau, et les devises qu'on y voit gravées ou émaillées indiquent cette destination. Le petit nécessaire qui est ici dessiné, et qui fait partie de la collection léguée, en 1873, au Musée du Louvre par M. et Mᵐᵉ Philippe Lenoir, est un ouvrage du dix-huitième siècle. Il est en jaspe rouge-onyx, décoré de montures d'or ciselé découpées en rinceaux. Au fermoir, sur une bande d'émail blanc qui borde le couvercle, on lit ces mots : « Votre fidélité fait ma seule félicité. » L'étui renferme une tablette d'ivoire, deux petits flacons de cristal avec bouchons d'or, un couteau d'or, une pince d'or, une cuiller, un porte-crayon, un cure-oreille. ■

D'APRÈS... *Le Magasin pittoresque* paru en 1878

Nécessaire du XVIIIᵉ siècle. Dessin de Féart

Légendes/Insolite

Usages et superstitions populaires au XIXe siècle

Pour guérir la fièvre, prenez une taupe vivante et étouffez-la. La main qui l'aura fait mourir acquerra la vertu de calmer la fièvre. Pour éviter que les enfants aient mal aux dents, il faut les sevrer le vendredi saint. Pour soulager les enfants qui ont de la peine à faire leurs dents, il faut prendre une taupe vivante, lui couper les quatre pattes, et la leur appliquer sur la gorge. Pour éviter qu'un enfant souffre du sevrage, il faut le faire sortir de la maison le dos en avant, et mettre au cou de la mère un collier de treize bouchons de liège. Pour être préservé de maux de dents toute l'année, ne pas manger de viande le jour de Pâques. Pour guérir les entorses, il suffit de prononcer les paroles suivantes : *super te, super ante et super ante te*, en faisant avec le talon gauche un signe de croix sur la partie malade.

On peut encore se guérir en portant au cou un collier d'ortie blanche. Pour se préserver de la foudre, il suffit de porter une branche d'aubépine au chapeau. L'aubépine était l'objet d'une grande vénération dans les Ardennes. On lui attribue les vertus les plus merveilleuses, et on la considère comme l'emblème de la pureté. Voici le couplet que l'on entendait très souvent chanter dans le département : « *Aubépine, mon bien, / Je te cueille et te prends. / Si je meurs en chemin, / Sers-moi de sacrement.* » Pour éteindre un incendie, il suffit d'y jeter un œuf pondu le vendredi saint. ■

signer un pacte avec le Diable. Le meunier ne voulut point de cet associé, et retrancha cette condition du marché, qui, cette fois, allait jusqu'à une somme de cent vingt livres. Il en emporta cent quatre-vingt-douze à un autre meunier, qui, séduit par les contorsions et les simagrées qu'il faisait en sa présence, et qu'il donnait pour des sortilèges, avait été, lui et ses enfants, en pèlerinage à Notre-Dame de Liesse, et toujours pour la même fin, dans la pieuse intention d'empêcher les moulins de ses voisins de tourner ; ce qui prouve que ce vœu très peu charitable est commun parmi les meuniers. Il proposa encore à celui-ci la signature d'un petit traité fait double entre le Diable et lui : mais cet article ne passa jamais, et nul meunier ne voulut risquer son seing dans les mains de l'esprit malin. A ceux qui n'avaient pas de moulins à faire tourner, il leur offrait de leur découvrir, par magie, des trésors cachés dans leurs maisons. Trois laboureurs donnèrent dans cette folle espérance, qu'il faisait payer d'avance. Les pèlerinages, les sortilèges dans lesquels l'eau bénite n'était pas oubliée, étaient encore les moyens employés pour parvenir à cette découverte. Un pauvre laboureur lui donna cent livres, qui formaient peut-être son unique et vrai trésor, pour en chercher un qu'il ne trouva point.

On ne s'attend peut-être pas à compter parmi les dupes de cet escroc magicien, un notaire, dont l'état suppose une éducation moins vulgaire, une pratique plus déliée, et des connaissances au-dessus de celles des simples paysans : il en trouva un assez crédule pour se laisser escamoter une forme de cent deux livres et du linge, sous prétexte de lui faire retrouver des contrats égarés. Cependant deux années au plus furent le terme du crédit de ce nouveau Sorcier : apparemment que les moulins à vent, qui tournèrent à l'ordinaire pour tous les meuniers sans distinction, que les trésors qui ne trouvèrent point dans les chaumières des pèlerins, et les contrats égarés que le Notaire ne put découvrir, firent retrouver la raison à ces imbéciles superstitieux, et que de mutuelles confidences sur leur mauvais succès éteignirent leur foi. L'indignation de se voir trompés, et leur bourse vide succéda à leur erreur : on dénonça l'Escroc, et la Justice, sans aucune peur du Diable dont il se disait l'ami, s'empara du Sorcier. Son procès lui fut fait par le lieutenant criminel du Bailliage de Roye ; et par sentence du 18 octobre 1771, il fut condamné à demeurer dans la Place publique de la ville de Roye, depuis onze heures du matin jusqu'à une heure de l'après-midi, exposé à la vue du public, avec un écriteau devant et derrière, portant ces mots : Escroc prétendu magicien, profanateur des choses saintes : à être ensuite fustigé, marqué et banni pour neuf ans.

Sur l'appel *a minima*, l'arrêt du Parlement du 7 avril 1772, fit quelques réformes à cette sentence : il le condamna au carcan pendant trois jours, avec l'écriteau (escroc prétendu magicien), au fouet ; et au lieu d'un bannissement de neuf ans, à neuf ans de galères. ■

D'APRÈS...
> **Le Magasin pittoresque** paru en 1837

Croix de Saint-Benoît

Les lettres initiales gravées sur la médaille de Saint-Benoît indiquent chacune un mot. La difficulté d'en deviner le sens l'a fait appeler la *Croix des sorciers*, et lui a donné une sorte de popularité.
Voici l'explication des *lettres de la légende* :
IHS. – Jesus Hominum Salvator (Jésus sauveur des hommes).
VRS. – Vade Retro, Satanas (Retire-toi, Satan).
NSMV. – Nunquam Suadeas Mihi Vana (Ne me persuade jamais des vanités).
SMQL. – Sunt Mala Quae Libas (Ce sont des maux que tu verses).
IVB. – Ipse Venena Bibas (Bois toi-même ton poison).
Les lettres placées verticalement *sur la tige de la croix* signifient :
CSSML. – Crux Sacra Sis Mihi Lux (Croix sacrée, sois pour moi la lumière).
Celles qui sont inscrites *sur les croisillons* présentent ce sens :
NDSMD. – Nunquam Daemon Sis Mihi Dux (Démon, ne sois jamais mon guide).
Enfin, les lettres qui sont *dans le champ de la pièce* s'expliquent ainsi :
CSPB. – Christus Sit Perpetuo Benedictus (Que le Christ soit éternellement béni).
On remarquera parmi ces légendes quelques vers léonins. ■

Une cruelle bataille : le JEU du cochon

En 1425, pendant qu'une partie de la France était tombée momentanément au pouvoir des Anglais, après de longues et terribles guerres, on vit à Paris les habitudes, les coutumes et les jeux de la nation victorieuse prendre un instant faveur dans le peuple.

Entre autres jeux, on donna aux Parisiens le spectacle d'un amusement empreint d'une cruauté bizarre. Le dernier dimanche d'août 1425, dans l'hôtel d'Armagnac, situé rue Saint-Honoré, et sur une partie de l'emplacement des bâtiments du Palais-Royal, on avait fait dresser un champ-clos, où l'on enferma quatre aveugles armés de gros bâtons, et couverts d'une armure. Avec eux se trouvait également enfermé un cochon destiné à celui des quatre combattants qui viendrait à bout de le tuer. L'historien contemporain qui nous a conservé ces détails, et qui était un riche et considérable bourgeois de Paris, assistait sans doute à cette fête qu'il appelle une *bataille étrange*, et qui réjouit fort les assistants. A un signal donné, les quatre aveugles, agitant en l'air leurs masses ou bâtons noueux, s'avancèrent au hasard pour frapper l'animal, dont la mort seule devait finir le combat. Aux grognements répétés de la victime, chaque fois qu'ils s'approchaient du côté où ils avaient entendu sa voix, chacun d'eux, accourant à la fois et frappant au hasard, portait de rudes coups, recevait tour à tour et faisait des blessures d'autant plus terribles qu'il était impossible de les parer.

Si l'on en croit le bourgeois, auteur du *Journal de Paris*, sous Charles VI, ce jeu ne fit pas fortune. Cette lutte d'aveugles, où ni la force ni l'adresse ne pouvaient trouver leur place, et qui semblait moins un combat qu'un massacre, révolta bien plus qu'elle n'amusa. Quant aux aveugles, « ils se donnèrent, dit l'auteur, de si grands coups de bâtons que dépit leur en fut ; car quand le mieulx cuidoient (croyaient) frapper le pourcel, ils frappoient l'un sur l'autre ; s'ils eussent été armés pour vrai, ils se fussent tués l'un l'autre... » ■

D'APRÈS... ***Le Magasin pittoresque*** paru en 1834

Vous avez dit bizarre ?

1756 : qui n'a pas son PANTIN ?

En 1756, le jeu des pantins fut en France, et surtout à Paris, une véritable fureur : chacun avait son pantin dans sa poche, et l'on s'en amusait dans les salons, dans les spectacles et dans les promenades. On fit à cette occasion plusieurs chansons ; le refrain ordinaire était : *Tout homme est un pantin*. On voulait dire par là que, comme ces petites figures se mettaient en mouvement lorsqu'on en tirait le fil, de même il n'y avait pas d'homme que l'on ne pût mettre en jeu si l'on parvenait à toucher sa passion dominante, son goût particulier.

Que Pantin serait heureux
S'il avait l'art de vous plaire !

Ces deux vers sont le commencement d'une chanson très connue, faite sur les pantins. L'auteur anonyme d'un poème sur le luxe, publié en 1782, fixe la mode des pantins à 1750. Il prétend qu'un règlement de police proscrivit ce joujou, « parce que les femmes, vivement impressionnées par le spectacle continuel de ces petites figures, étaient exposées à mettre au monde des enfants à membres disloqués, des enfants pantins. » Les modistes, les ouvrières, habillaient les femmes *à la pantin*.

D'Alembert définit les pantins comme « de petites figures peintes sur du carton qui, par le moyen de petit fils que l'on tire, font de petites contorsions propres à amuser les enfants. La postérité, ajoute-t-il, aura peine à croire qu'en France des personnes d'un âge mûr aient pu, dans un accès de vertige assez long, s'occuper de ces jouets ridicules, et les rechercher avec un empressement que dans d'autres pays on pardonnerait à peine à l'âge le plus tendre. » A la cour, à la ville, on voyait jusqu'à des vieillards tirer de temps à autre des pantins pour les faire danser sérieusement d'une main tremblante. ■

D'APRÈS... ***Le Magasin pittoresque*** paru en 1837

1560 : défense d'aller au CABARET

L'article XXV de l'ordonnance de 1560 défendit aux habitants des villes, bourgs et villages, sous peine d'amende et de prison, d'aller boire ou manger dans les cabarets. Le commentateur place sous cet article les réflexions suivantes :

« Par la bonne providence de M. le premier président Mansencal, de M. Fabry, lors juge-mage, ceste ordonnance-cy fut publiée en la ville de Tholose, et par M. d'Aries, capitoul, et ses compagnons exécutée, peut avoir vingt et un ans, tellement que ceux qui estoient *domiciliez*, estans trouvez en cabaret ou taverne, de quelque qualité qu'ils fussent, *estoient attachez à un poteau, par le col, en un carrefour, élevé pour ceste effect*, aux fins de bailler exemple et d'intimider les autres, chose qui est grandement profitable à une république, parce que les artizans ou leurs serviteurs ès jours de fêtes despendent en un repas tout ce qu'ils ont gaigné en une sepmaine, de quoy ils pourroient nourrir, en vivant sobrement, tant eux que leur famille. Ainsi sont tousjours pauvres et souffreteux, où ils pourraient s'acquérir quelque bien, et porter des charges de la ville ; et enfin convient qu'ils mendient misérablement, ou espousent un hospital estans vieux, impotans, et inutiles au travail, n'ayant rien réservé des labeurs de leur jeunesse qui passe comme fumée, sans qu'on la sente couler, attrinant après soy la froide, débile et courte vieillesse pleine de maladies, de rhumes, de catarres, et laquelle on peut proprement comparer au temps d'hyver, durant lequel on mange et consume ce qu'on a receuilly et amassé au temps d'esté. » ■

D'APRÈS... ***Le Magasin pittoresque*** paru en 1835

Faune/Flore

La MANDRAGORE : plante merveilleuse ?

La racine velue et quelquefois bifurquée de la mandragore l'a fait comparer, dès les temps les plus anciens, et chez tous les peuples, à un corps humain. Théophraste appelle cette plante *anthropo-morphon* (à forme humaine), et Columelle la surnomme *semi-homo* (demi-homme). Les Anciens la faisaient entrer dans la composition des philtres. Au Moyen Age, le mot seul de mandragore causait une sorte de frémissement. On ne pouvait songer au *petit homme* planté sans effroi. Quand on arrachait la plante de terre, elle poussait des gémissements.

Cependant, celui qui pouvait la posséder était riche et heureux à jamais. Il suffisait de la placer dans un coffre à argent : le nombre des pièces de monnaie qu'on y enfermait avec elle doublait chaque jour. Si on la portait en des lieux où l'on soupçonnait que des trésors avaient été enfouis, elle les faisait aussitôt découvrir, s'élançant d'elle-même vers la cachette. Mais il n'était pas facile de se procurer la mandragore ; il fallait la cueillir sous un gibet, en observant certains rites, et au risque de la mort si l'on se trompait dans les détails très compliqués de cette conjuration. Toutefois, il y avait un moyen d'échapper à ces périls : c'était de faire cueillir la plante par un chien ; on l'enveloppait ensuite dans un linceul.

Un « petit homme » aux pouvoirs magiques

Ces contes, plus absurdes encore qu'amusants, se retrouvent presque dans tous les pays. On trouve de curieux détails sur la mandragore dans l'ouvrage du père Joseph-François Lapiteau, paru en 1718. L'auteur dit que les éléphants rencontrent la mandragore sur la route du paradis terrestre. Thomas Brown traite de la mandragore dans son *Essai sur les erreurs populaires* (1738). On lit dans les *Histoires prodigieuses*, par P. Boaistuau, paru en 1575 : « Je vis dernièrement à la foire Saint-Germain, en ceste ville de Paris, une racine de mandragore qu'un sophistiqueur avoit contrefaite par art, qui avoit certainement racines si bien entassées l'une dedans l'autre, qu'elle représentait proprement la forme de l'homme ; et asseuroit ce donneur de bons jours, que c'étoit la vraie mandragore, et demandoit 20 écus de cette racine ; mais la fraude fut incontinent descouverte, et croy qu'il fut contraint enfin d'emporter sa racine en Italie, dont il disoit qu'elle étoit venue (en effet, on trouvait beaucoup, disait-on, en Pouille, au mont Saint-Ange). » La Mandragore, appelée « l'arbre à la face d'homme » et dont le nom scientifique est *Atropa Mandragora* (Solanées), est une plante vénéneuse ; elle agit comme narcotique, et avec plus d'énergie que la belladone. Elle croît naturellement dans les bois et sur les bords des rivières, dans les endroits où les rayons du soleil ne pénètrent point. On la trouve surtout dans le Levant, en Italie et en Espagne. Son fruit ressemble à une très petite pomme : c'est une baie charnue, molle, jaunâtre lorsqu'elle est mûre, et d'une odeur fétide, de même que la plante tout entière. ■

D'après...
> *Le Magasin pittoresque* paru en 1854

Le bonhomme de Fatouville

Le bonhomme de Fatouville n'appartient pas à la race des hommes. C'était un phare végétal de plus d'un siècle, un vieux pommier respecté, dont voici la légende. Vers 1730, la Seine, assure-t-on, vint à changer tout à coup son lit, et, pendant plusieurs années, le courant se porta vers la rive gauche, au lieu de se trouver, comme il est aujourd'hui, vers la rive droite. Grand fut l'embarras des marins et des pilotes, obligés d'étudier de nouveau le lit du fleuve, pour ne pas aller échouer sur un des nombreux bancs de sable qui se cachaient perfidement sous un courant que le vaisseau sillonnait naguère en toute sécurité. Cependant un vieux pilote de Fatouville, qui s'était familiarisé promptement avec la nouvelle topographie, mais dont les bras raidis par le travail commençaient à demander du repos, ne voulut pas, tout en abandonnant le gouvernail, que la science qu'il avait acquise demeurât inutile. Chaque jour, avant que la voile la plus matinale se tendît à une fraîche brise, il se rendait sur la côte, et de ce poste élevé, joignant la parole au geste, il enseignait à chaque marin la route qu'il fallait suivre, les passages dangereux qu'il fallait éviter. Il demeurait là jusqu'au soir, et jamais il ne lui arriva de gagner son logis avant l'heure où le navire le plus hasardeux devait jeter son ancre à la rive. Prévoyant que l'appel de la mort allait bientôt le relever de sa noble consigne, le digne vieillard pria Dieu de lui envoyer un successeur digne de terminer sa tâche. Sa demande fut exaucée, et cependant nul autre que lui ne devait être admis à partager le mérite de sa belle action : c'est qu'à peine son vœu avait-il été exprimé que le bâton desséché sur lequel le vieillard s'appuyait d'ordinaire vint à prendre racine, grandit subitement, et poussa fruits et feuillage en affectant la forme du marin. Les habitants de Fatouville et des communes environnantes se cotisèrent ensuite chaque année pour l'entretien de ce même arbre, dont l'ombrage fut longtemps vénéré et servit de phare aux marins. ■

*D'après... **Le Magasin pittoresque** paru en 1870*

LA FRANCE PITTORESQUE   XVIe XVIIe **XVIIIe** XIXe   Personnages

PARMENTIER confère ses lettres de noblesse à la POMME de TERRE

Le corps des pharmaciens, qui a donné à la France et à l'Europe un si grand nombre d'hommes illustres, n'en présente peut-être aucun dont le nom mérite mieux d'être conservé dans notre mémoire que l'homme vénérable dont nous donnons ici le portrait.

Il y a 200 ans, la pomme de terre était exclue de notre alimentation

C'est Parmentier qui a dissipé en France les préjugés enracinés contre la pomme de terre. Les agriculteurs croyaient qu'en la cultivant on nuisait à la terre, et tout le monde s'imaginait qu'en l'admettant au nombre des aliments on favoriserait les maladies et notamment la lèpre. Pour montrer la persistance de la défaveur avec laquelle la pomme de terre était considérée dans les localités écartées, celui qui écrit ces lignes peut raconter une petite discussion à laquelle il assista bien jeune, vers 1808, entre son père, ami du progrès, et une vieille tante qui n'avait jamais quitté la maison du grand-père, dans le village de Barbaste, situé aux confins des Landes, arrondissement de Nérac. Voyant des pommes de terre magnifiques, le neveu, qui habitait Bordeaux après avoir séjourné plusieurs années à Paris, demandait qu'on en servît sur la table. La tante s'indignait et finit par s'écrier : « Non, jamais ! tant que Louise tiendra la maison de son frère, jamais une pomme de terre n'entrera dans un plat ; ce n'est bon que pour les cochons. »

C'est encore en continuation de ce dédain que les opposants aux Bourbons, après 1814, croyaient insulter Louis XVIII en l'appelant *gros mangeur de pommes de terre !* On peut juger par ces faits, si voisins de nous, quelle était la résistance à l'emploi de la pomme de terre sur la fin du règne de Louis XV, lorsque Parmentier se mit en tête de la faire entrer dans l'alimentation ordinaire ; l'idée lui en était venue pendant qu'il était prisonnier en Allemagne, pendant la guerre de Sept ans.

Parmentier, né en 1737, à Montdidier (Somme), avait embrassé la carrière de la pharmacie. Travaillant avec ardeur pour échapper à la pauvreté, il se trouvait, à l'âge de vingt ans, commissionné pharmacien dans les hôpitaux de l'armée de Hanovre. Il ne se préoccupait point de sa sûreté lorsque le service exigeait ses soins : aussi se laissa-t-il prendre cinq fois, et chaque fois il mit sa captivité à profit pour rechercher ce qu'il pourrait importer dans sa patrie. Obligé de se nourrir de pommes de terre, très employées en Allemagne, il eut tout le temps d'apprécier cet aliment et d'en reconnaître la parfaite innocuité sur le corps humain ; il put également suivre tous les détails de la culture.

Antoine-Augustin Parmentier réhabilite la pomme de terre en France

Il ne négligeait point cependant les travaux de sa profession : s'étant appliqué à la chimie sous les yeux d'un célèbre pharmacien de Francfort, il ne tint qu'à lui d'en devenir le successeur et d'en épouser la fille ; mais la patrie parla plus haut que l'intérêt ; il refusa ces of-

Antoine-Augustin Parmentier

Antoine PARMENTIER

Personnages

Le cochon de Troie : un mets de choix

On appelait ainsi un mets fort estimé dans l'ancienne Rome, sous les empereurs. On faisait cuire dans le ventre d'un cochon plusieurs animaux, et le nom qu'on lui donnait faisait allusion au cheval de Troie, qui, suivant l'expression de Bayle, était farci de soldats.

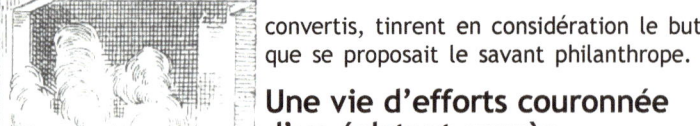

fres brillantes pour rentrer en France, où, après avoir suivi les cours de Nollet, de Jussieu et de Rouelle, il obtint, au concours, la place d'apothicaire adjoint à l'Hôtel des Invalides. Il s'y fit remarquer, et fut plus tard pourvu du titre d'apothicaire en chef, lequel, bien qu'il n'en exerçât point les fonctions par suite d'un conflit, entoura son nom d'une grande autorité scientifique.

En 1771, l'Académie de Besançon couronna un mémoire de lui où il indiquait les substances alimentaires susceptibles d'atténuer les disettes, et où il donnait la liste des plantes nombreuses dont on pouvait extraire de l'amidon ; naturellement la pomme de terre était du nombre, et c'était elle qui pouvait le mieux répondre au but du mémoire. Ce fut de là que Parmentier partit pour donner un nouvel essor aux idées qu'il n'avait cessé de nourrir depuis sa captivité. Il s'attacha dès lors plus étroitement à la propagation de ce tubercule ; mais il ne tarda pas à reconnaître que des faits positifs et des expériences incontestables pourraient seuls avoir raison des préjugés.

Aussi se mit-il en état de publier (1778) un examen chimique des éléments de la pomme de terre ; puis, pour donner au public parisien une démonstration irrésistible des facilités que la culture de cette plante pourrait offrir aux agriculteurs, il en ensemença, aux portes de Paris, dans la plaine des Sablons, une surface de 54 ares, considérée jusqu'alors comme tout à fait stérile. Quand les fleurs parurent, il eut l'idée, à la fois gracieuse et ingénieuse,

Parmentier importe en France la pomme de terre

d'en former un bouquet et de venir le déposer aux pieds du roi Louis XVI, très partisan de ses idées, et dont la protection ne lui avait point manqué. Le roi mit les fleurs à la boutonnière de son habit, et les courtisans, aussitôt convertis, tinrent en considération le but que se proposait le savant philanthrope.

Une vie d'efforts couronnée d'un éclatant succès

Tous les moyens possibles et imaginables de propagande furent employés par le *bon* et *excellent* Parmentier, comme le qualifie Henri Martin dans sa grande Histoire de France. Il ne craignit pas de donner à des savants et à des notabilités un dîner demeuré célèbre, où la pomme de terre figura seule, dit-on, et fut accommodée de toutes les manières, ayant même fourni les éléments d'une liqueur. Ces efforts aussi persévérants qu'adroits furent couronnés du succès le plus éclatant, et, grâce à cet homme de bien, la pomme de terre devint l'une de nos plus importantes richesses, celle qui, dans l'alimentation humaine, vient immédiatement après les céréales.

Le portrait de Parmentier répond bien à l'idée que l'on peut se faire de lui. L'intelligence unie au bon sens respire dans cette physionomie sympathique ; on y voit, au premier coup d'œil, cette finesse particulière qui accompagne la bonté chez les philanthropes pratiques éloignés des utopies. Nous aurions à faire connaître aussi les autres services qu'il a rendus soit dans l'art de la boulangerie, soit comme pharmacien, soit comme administrateur : mais n'eût-il à son compte que l'heureuse introduction de la pomme de terre dans la culture et dans l'alimentation du peuple français, demeuré à cet égard en arrière de l'Allemagne du Nord, il aurait bien mérité du pays ! ■

D'APRÈS...
> *Le Magasin pittoresque* paru en 1875

Petite histoire de la pomme de terre

La pomme de terre fut d'abord importée du Chili en Espagne sous le nom de *patate*. En 1550, elle passa en Italie où on l'appela *tortufole*. Elle fut importée d'Amérique en Irlande en 1545, par John Hawhings ; puis, en 1585, Walter Ralegh l'importa de nouveau. De l'Irlande, elle passa en 1594 dans le Lancashire et plus tard en Hollande et en Flandre. Décrite pour la première fois en France en 1588 par Clusius de Lécluse, célèbre botaniste flamand, en 1601 elle était connue en Belgique et en Autriche. En 1720 elle fut introduite en Suède ; en 1738 en Prusse. En France, on la trouve en 1693 à Badonvilliers (Vosges). Elle fut soumise à la dîme en 1715 par Léopold, duc de Lorraine.

En 1771, Parmentier avait publié un mémoire ayant pour titre : *Recherches sur les végétaux nourrissants qui, dans les temps de disette, peuvent remplacer les aliments ordinaires.* Dans l'introduction de ce mémoire, on lit : « La pomme de terre doit être parmi nous le puissant auxiliaire du blé. Avec elle, on ne doit plus craindre les famines qui ont affligé l'Europe au Moyen Age. » En 1786 eurent lieu les célèbres expériences de la plaine des Sablons et de Grenelle. En reconnaissance de tout ce que Parmentier a fait pour vulgariser la pomme de terre et la faire admettre au nombre des aliments, François de Neufchateau a proposé de lui donner le nom de *parmentière*. C'est après la disette de 1790 que la pomme de terre se répandit en France et devint un aliment ordinaire des habitants. ■

D'APRÈS... *Le Magasin pittoresque* paru en 1886

La France pittoresque

Légendes/Insolite

Légendaires SACRIFICES humains prêtés aux GAULOIS

Si la mémoire collective conserve l'image des Gaulois cueillant le gui de chêne pour en tirer tous les bienfaits et conjurer le mauvais sort ou la maladie, elle leur a également attribué, au XIXe siècle, la propension à procéder à des sacrifices ô combien cruels accompagnant parfois ce rituel. La religion que Jules-César trouva si fortement établie dans la croyance des Gaulois n'était pas nationale : ils l'avaient reçue des Bretons à une époque dont l'histoire ne fait pas mention ; et, plus tard, sous la domination des Romains, ils abandonnèrent le culte du dieu Teutatès pour celui de Jupiter et des autres divinités de l'Olympe. L'Evangile fut ensuite prêché par des ministres sans armes ni soldats, et les conquêtes de la religion chrétienne amenèrent encore de nouveaux changements.

Parmi les victimes, des hommes hors d'état de se défendre, dit-on

Mais comme il n'est pas au pouvoir de l'homme de transformer entièrement ses idées et ses croyances, le Gaulois mêla quelques restes de la religion des druides à celle des Romains, ses vainqueurs et ses maîtres ; et lorsqu'il devint chrétien, les deux cultes anciens ne furent pas complètement oubliés. Quelques pratiques religieuses du Moyen Age ont beaucoup d'analogie avec celles que César a décrites ; il n'est donc pas sans intérêt de se reporter à cette époque éloignée de près de vingt siècles.

Teutatès fut le Jupiter des Bretons et des Gaulois ; les druides étaient ses ministres, distribuaient ses faveurs, lançaient ses foudres contre les impies, interprétaient les réponses que le dieu daignait leur faire lorsqu'ils l'interrogeaient suivant les rites de son culte, etc. ; ils s'étaient même emparés de l'administration de la justice, et si quelqu'un osait décliner leur juridiction, ils le privaient de toute participation aux sacrifices : le recours à la divinité était alors interdit, à moins qu'on ne commençât par apaiser le courroux des ministres. Ainsi l'excommunication fut une arme redoutable entre les mains des prêtres de Teutatès, comme elle le fut par la suite lorsqu'elle fut lancée par des prêtres chrétiens.

Les druides offrirent leurs secours aux malades, mais sans exercer la médecine : c'était par leur intercession auprès de Dieu qu'ils promettaient de rendre la santé ; mais Teutatès était quelquefois très exigent, et si la maladie était mortelle, il ne fallait rien moins qu'une victime humaine pour racheter la vie que l'on voulait conserver. Dans les cas ordinaires, le dieu voulait bien se contenter de l'offrande de quelques bestiaux.

La cueillette du gui de chêne fut la cérémonie la plus imposante de la religion des druides, et celle dont la tradition a conservé le plus de vestiges. Nous sommes encore assez près du temps où le gui était un sujet de chants populaires, au lieu d'être traité comme un ennemi dont une bonne culture délivre les arbres. Chez les Gaulois, lorsque l'on avait découvert un gui de chêne, on s'apprêtait à le cueillir, en observant scrupuleusement les rites prescrits en cette occasion. Deux taureaux bancs étaient attachés par les cornes au tronc du chêne chargé de la précieuse excroissance ; le don qu'on allait recevoir valait au moins cette offrande.

Un druide montait sur l'arbre armé d'une serpe d'or, et détachait le gui ; d'autres le recevaient sur un tissu de laine blanche destiné à cet usage. C'était une panacée universelle, dont une parcelle infusée dans l'eau préservait des atteintes du poison, procurait aux bestiaux un accroissement de force et de fécondité, etc. Pour célébrer dignement cette heureuse trouvaille, les dévots présentaient leurs offrandes, et c'était l'élite de leurs troupeaux. Les victimes étaient partagées en trois parts : l'une pour le dieu (elle était livrée aux flammes), l'autre pour les druides, et la troisième restait aux donataires.

Dans les grandes calamités publiques, ou avant d'entrer en campagne contre un ennemi formidable, les druides avaient introduit l'exécrable usage des holocaustes humains. On construisait un énorme mannequin représentant un homme, on le remplissait de malheureux condamnés dans les assemblées, et si leur nombre était insuffisant, on choisissait des victimes parmi les hommes hors d'état de se défendre ; on entassait des combustibles autour de cette horrible figure, et l'on y mettait le feu. ■

D'APRÈS...
> *Le Magasin pittoresque* paru en 1833

Inventions/Découvertes   XVIIe XVIIIe XIXe XXe

Le TÉLÉGRAPHE triomphe de la vindicte populaire et des difficultés financières

Né en 1763 à Brûlon, dans le département de la Sarthe, Claude Chappe était neveu de l'abbé Chappe d'Auteroche, que son dévouement à la science a rendu célèbre. Il avait quatre frères. Ignace, l'aîné de la famille, Pierre, René et Abraham. Leur père, qui possédait une certaine fortune, leur donna une bonne éducation classique. Claude commença ses études au collège de Joyeuse, à Rouen, et il les continua à La Flèche, où l'on se souvint par la suite d'un ballon qu'il fit partir étant écolier. Au sortir du collège, Claude Chappe embrassa l'état ecclésiastique, et obtint à Bagnolet, près de Provins, un bénéfice d'un revenu assez considérable, qui lui fournissait les moyens de se livrer à son goût pour les recherches de physique. L'électricité l'occupait d'une manière spéciale : en 1790, il effectua des travaux qui le firent nommer membre de la *Société philomatique*, l'antichambre de l'Académie des sciences.

Les frères Chappe donnent vie au télégraphe le 2 mars 1791

Claude Chappe se trouvait à Paris, quand la Révolution éclata. Il perdit son bénéfice, et dut retourner à Brûlon au milieu de sa famille, où il retrouva quatre de ses frères, dont trois venaient aussi de perdre leurs places. Dans ces circonstances, il lui vint à la pensée de mettre à profit quelques essais qui remontaient aux premières années de sa vie. Il espéra pouvoir tirer parti, dans l'intérêt de sa famille, d'une sorte de jeu qui avait fourni des distractions à sa jeunesse. Claude Chappe se serait en effet amusé, dans sa jeunesse, à établir un appareil rudimentaire de correspondance par signes, qu'il aurait expérimenté avec ses frères, à Brûlon, pendant leurs réunions de vacances. Une règle de bois tournant sur un pivot, et portant à ses extrémités deux règles mobiles de moitié plus petites, tel était l'instrument qui leur aurait, dit-on, servi à échanger quelques pensées. Par les diverses positions de ces règles, on obtenait cent quatre-vingt-douze signaux, que l'on distinguait avec une longue-vue.

Claude Chappe pensa que l'on pourrait tirer un certain parti de ces signaux, en les appliquant aux rapports du gouvernement avec les villes de l'intérieur et de la frontière. Il décida ses frères à le seconder dans ses recherches. Après d'infructueuses tentatives visant à mettre au point un télégraphe électrique (qui verra le jour en 1850, grâce à Morse, et qui supplantera le télégraphe optique), Chappe mena diverses expériences qui le conduisirent à effectuer, le 2 mars 1791, une expérience publique de son télégraphe optique à Parcé (Sarthe), qui lui donna une date et une authenticité certaines. Deux stations avaient été établies, l'une à Parcé, l'autre au château de Brûlon, distants de 15 kilomètres. Plusieurs phrases furent échangées par ce moyen, entre les deux stations. Le lendemain 3 mars, les mêmes expériences furent reprises avec autant de succès. Les témoins de ces expériences signèrent des procès-verbaux qui constataient sa parfaite réussite.

Les frères Chappe perfectionnèrent leur système, puis songèrent à le présenter au gouvernement. Au moment où la République était obligée de faire face à tant d'ennemis, sur vingt champs de bataille, la découverte d'un

Expérience publique du télégraphe optique des frères Chappe le 2 mars 1791

moyen instantané de correspondance ne pouvait être accueillie qu'avec empressement.

Enthousiasmé par ses premiers succès, Chappe veut gagner le cœur des Parisiens

Telle était du moins l'espérance des frères Chappe, qui, un beau jour, quittèrent leur pays, emportant dans leur portefeuille les procès-verbaux des notables de Parcé et de Brûlon, où se trouvaient relatés les merveilleux effets de leur machine, et dans leurs bagages la machine elle-même.

Ils arrivèrent à Paris à la fin de 1791. Avant de deman-

Inventions/Découvertes

Le peuple brûle le télégraphe de Chappe, dans le parc de Saint-Fargeau

der au gouvernement l'examen de leur invention, ils jugèrent utile de la montrer à tous les yeux. La sanction préalable de l'opinion publique leur semblait un prélude favorable. Une expérience faite devant tout Paris, sur une promenade très fréquentée, devait donner à leur découverte une notoriété utile à leurs projets. Ils demandèrent donc à la commune de Paris l'autorisation d'établir à leurs frais une de leurs machines sur l'un des deux pavillons qui étaient placés à la barrière de l'Étoile, aux Champs-Élysées. La Commune de Paris accorda l'autorisation désirée, sans toutefois répondre de rien. A cette époque de troubles et de méfiance populaire, on ne pouvait prévoir l'accueil qui serait fait à une expérience dont l'objet ne pouvait être généralement compris.

En effet, la machine de Claude Chappe, élevée sur l'un des pavillons de la barrière de l'Étoile, fut trouvée, un matin, mise en pièces. Le gardien affirma n'avoir rien entendu ; mais on sut plus tard, que des gens du peuple s'étaient rués, pendant la nuit, sur la machine, et l'avaient brisée, sans que personne eût osé s'y opposer. Claude Chappe ne fut pas découragé par cet incident. Seulement il chercha un lieu mieux défendu contre les caprices du peuple. Il obtint l'autorisation d'établir une nouvelle machine dans le parc que le représentant Lepelletier de Saint-Fargeau possédait à Ménilmontant. Il avait même commencé la construction d'une ligne de plusieurs postes, dont le premier était représenté par la machine élevée dans le parc de Ménilmontant. Sous la protection et dans la demeure d'un député, il pouvait se croire à l'abri de la défiance du peuple. Mais ses prévisions furent trompées.

Un matin, comme il entrait dans le parc, il vit courir à lui le jardinier tout épouvanté, qui lui criait de s'enfuir. Le peuple s'était inquiété du jeu perpétuel de ces signaux. On avait vu là quelque machination suspecte, on avait soupçonné une correspondance secrète avec le roi et les autres prisonniers du Temple, et l'on avait mis le feu à la machine. Le peuple menaçait de jeter aussi les mécaniciens dans les flammes. Chappe se retira consterné. N'osant plus se présenter à Ménilmontant, il crut devoir mettre ses machines sous la sauvegarde du pouvoir, et écrivit une demande qui devait rester longtemps sans réponse, à l'Assemblée législative, le 11 septembre 1792 : le 21 septembre, la Convention nationale avait remplacé l'Assemblée législative, et les nombreuses préoccupations politiques de cette époque fort agitée, faisaient négliger les questions d'ordre secondaire, ou qui n'exigeaient pas une solution immédiate.

Après un long sommeil, le télégraphe suscite un nouvel intérêt en 1793

Ce fut par hasard qu'un député de la Convention, Romme, qui avait quelques notions de sciences, trouva dans les cartons l'exposé de l'inventeur. A une époque où plusieurs armées éparses sur divers points du territoire, avaient besoin de pouvoir communiquer promptement et librement entre elles, un agent rapide et secret de correspondance devait appeler l'attention des dépositaires de l'autorité publique. En 1793, la Convention autorisa la construction d'une ligne expérimentale entre Ménilmontant et Saint-Martin-du-Tertre. Le 4 août, sous l'inspiration de Carnot, il fut décrété que deux lignes seraient créées d'urgence : la première partant de Lille pour aboutir à Paris (qui fut en état de fonctionner fin août 1794) ; la seconde de Paris à Landau, ville de Bavière qui marquait la limite de nos frontières à l'est.

En automne 1795, le Directoire succéda à la Convention : l'état catastrophique imposa la suspension de la seconde ligne, qui s'arrêtait alors à Strasbourg. Ce fut la nécessité de relier Paris au port militaire de Brest qui incita le Directoire à entamer la construction d'une troisième ligne entre ces deux villes, au printemps 1798. Par la suite, la construction d'une quatrième ligne fut ordonnée par le Directoire : elle allait de Paris à Lyon, en passant par Dijon. Ce fut là le dernier acte du Directoire, dans ses rapports avec la télégraphie. Ce gouvernement, pendant les cinq années de sa durée, avait pris le plus grand intérêt à l'invention de Chappe. Il avait doté la France de deux grandes lignes et de deux embranchements. Mais il n'avait pu triompher des embarras financiers, héritage de la période révolutionnaire.

Les consuls eurent peu le loisir de s'occuper des télégraphes, et Bonaparte lui-même n'y songea qu'un peu tard. Il s'appliqua seulement à régulariser ce service, au point de vue administratif. En 1800, trois lignes étaient en fonction : celle du Nord, celles de l'Est et de la Bretagne, et l'on construisait, mais avec beaucoup de lenteur, la ligne du Midi, par Dijon et Lyon. Ces lignes ne rapportaient rien au gouvernement, et nécessitaient, pour l'entretien et le service, des frais considérables. Le premier consul n'y trouva d'autre remède que de réduire considérablement le crédit accordé à la télégraphie. La ligne de Lyon fut abandonnée, et le personnel de la télégraphie singulièrement réduit.

Claude Chappe voyant avec chagrin la ruine de l'administration qu'il avait fondée, proposa de signaler par le

Claude Chappe

Inventions/Découvertes

télégraphe, les numéros sortants de la loterie ; idée d'autant plus heureuse que la loterie rencontrait en province une grande cause d'embarras. Il était permis de prendre des billets, dans les villes des départements, jusqu'à l'heure dernière où la liste des numéros gagnants arrivait par la poste, c'est-à-dire plusieurs jours après la clôture officielle des bureaux de Paris, faite après la publication des numéros gagnants. Cette latitude laissée aux bureaux de province, gênait beaucoup l'administration de la loterie, car la fraude trouvait toujours quelque moyen, sinon de connaître les numéros sortis à Paris, du moins de le faire accroire, de sorte que les offices particuliers des départements gênaient considérablement ceux de la capitale.

1800 : Chappe sauve *in extremis* le télégraphe, promis à l'abandon

C'est là ce que fit valoir très habilement Claude Chappe. Les administrateurs de la loterie parisienne saisirent avec empressement sa proposition. Bientôt, une large subvention fut accordée par la loterie, à l'administration des télégraphes, qui consentit à faire parvenir, le jour même du tirage, les numéros gagnants sur tout le parcours de ses lignes. La loterie trouvait à cela l'avantage de déjouer toute fraude, d'empêcher tout jeu illicite ; et les télégraphes y trouvaient le moyen de subsister que leur refusait le premier consul. C'est ainsi que Claude Chappe parvint, une fois encore, à prévenir la ruine de la télégraphie. Ce que n'avaient pu obtenir les meilleures raisons politiques et administratives, la passion du jeu, habilement exploitée, permit de le réaliser.

Sous Napoléon Ier, qui laissa la télégraphie fort à l'écart jusqu'à la fin de son règne, la ligne de Paris à Lyon, qui n'avait été terminée que jusqu'à Dijon, fut achevée en 1805, et prolongée jusqu'à Turin. Mais Claude Chappe ne vit malheureusement pas cette nouvelle extension de son œuvre. Il mourut le 23 janvier 1805, de mort volontaire, à Paris, dans l'hôtel de Villeroy, rue de l'Université, dans des circonstances particulièrement dramatiques. Dans la matinée du mercredi 23 janvier, on retrouva son cadavre dans le puits existant derrière l'hôtel. D'après Abraham Chappe, son frère aurait été victime d'une tentative d'empoisonnement dans un village des environs de Lyon où il s'était rendu pour étudier le tracé de la nouvelle ligne ; cette tentative criminelle aurait déterminé chez lui les germes de la maladie nerveuse qui le poussa à chercher le repos dans la mort. Ajoutons que, depuis quelques années déjà, Claude Chappe était devenu sombre et mélancolique.

Sa mort passa inaperçue, et après avoir été inhumé à l'ancien cimetière de Vaugirard, son corps fut transféré le 25 janvier 1829 au cimetière du Père Lachaise à côté de celui de son frère Ignace. La tombe ne portait que cette seule inscription : « Chappe », et les registres d'inscription du cimetière ne faisaient nullement mention du nom de Claude Chappe qui avait été omis au moment de la rédaction de l'acte de concession. La pierre tombale qui existait au cimetière de Vaugirard fut pieusement recueillie par l'administration et placée dans l'hôtel des télégraphes à l'entrée du poste central. Le 30 juillet 1893, une superbe statue fut élevée par souscription à Claude Chappe, à l'intersection du boulevard Saint-Germain et de la rue du Bac, à Paris. ■

Expérience du télégraphe de Chappe faite le 12 juillet 1793, de Ménilmontant à Saint-Martin-du-Tertre

Le 30 août 1794, le télégraphe annonce la reprise de Condé-sur-Escaut aux Autrichiens

D'APRÈS...
> **Les Merveilles de la science ou Description populaire des inventions modernes (T. 2)** paru en 1868

1850 : le télégraphe électrique supplante celui de Chappe

Voici le témoignage d'un utilisateur émerveillé de cette invention. « J'ai fait établir un fil télégraphique chez moi, à ma maison de campagne, près du village de R… Il est relié à la station de M… où un bureau télégraphique est installé à la mairie. En moins d'une heure, je puis correspondre avec mes enfants qui habitent les uns Paris, les autres Chartres et Bordeaux. Une heure après je reçois leurs réponses. Nous avons déjà éprouvé, ma femme et moi, dans des circonstances assez graves, les bienfaits de cette admirable application de l'électricité : nous avons vu venir nos enfants ou nous avons été près d'eux avec une rapidité qui eût été impossible si nous n'avions eu à notre usage que le service ordinaire de la poste : les heures remplacent les jours, et quand les santés, par exemple, sont en danger, quel avantage inappréciable ! »

Cette lettre témoigne d'un grand progrès ; malheureusement, jusqu'ici, l'établissement d'un télégraphe à domicile est, sinon pour les manufactures, usines, etc., du moins pour les simples particuliers, un véritable luxe : on paye assez cher les suites de l'autorisation qu'accordent les préfets dans les départements, ou le ministre à Paris et dans le département de la Seine. On télégraphie à l'aide d'agents que l'on choisit. Chez notre correspondant, une des personnes attachées à son service s'acquitte parfaitement de cet emploi : il lui a suffi de quelques mois d'apprentissage à Nevers. Sans doute, beaucoup d'habitants éloignés des centres hésiteront longtemps devant cet emploi précieux du télégraphe, tant que les frais ne seront pas diminués ; mais on peut croire aussi qu'il s'en trouve dès à présent un certain nombre qui n'en profitent point, faute de connaître les conditions dont nous venons de donner une indication sommaire. En écrivant au ministre des postes et des télégraphes, on peut obtenir tous les renseignements désirables. ■

Extrait d'un récit paru en 1881

La France pittoresque — XVIIe XVIIIe **XIXe** XXe — Événements

1850 : prémices de la crise de la « VACHE FOLLE » sur fond d'engraissement artificiel

Il y a 150 ans, nos ancêtres abhorraient déjà instinctivement la viande issue d'animaux engraissés artificiellement, arguant de son caractère insipide et néfaste pour la santé. Certains s'insurgeaient contre la suprématie d'une viande bon marché acquise au détriment de la qualité du produit. Edifiant et prophétique...

Il est généralement passé en proverbe que la qualité de la viande anglaise l'emporte de beaucoup sur la qualité de la viande française, affirme-t-on au milieu du XIXe siècle. Les touristes qui ont fait une rapide excursion de l'autre côté du détroit en sont revenus pleins d'admiration pour ces énormes pièces de bœuf qui, semblables à des montagnes, se dressent orgueilleusement sur le buffet des tavernes. Les tranches de ces *roast-beef*, artistement coupées, minces à merveille, arrosées d'un jus abondant et richement coloré, sont, pendant un séjour de courte durée, l'objet d'un engouement traditionnel qui est ramené à de plus humbles proportions pour peu qu'on séjourne quelques semaines, et à plus forte raison quelques mois en Angleterre. On finit, en effet, par reconnaître qu'en réalité la saveur et la succulence de la colossale pièce de viande britannique sont loin de l'emporter sur celles de notre petit rôti bourgeois.

Un engraissement artificiel, au détriment de la saveur

On finit par trouver qu'en Angleterre le bœuf, le mouton, le veau et le porc frais, ont un air de famille, une uniformité de saveur, et, pour ainsi dire, une nullité de parfum, qui découragent le gourmet. L'abondance de cette chair n'est pas une compensation de ce qui lui manque, et le palais leurré accuse bientôt les yeux de s'être trop fiés à l'apparence. Peut-il en être autrement lorsque tous les animaux sont engraissés artificiellement, après avoir été, pendant une longue suite de générations, préparés à se vite engraisser ?

Peut-il en être autrement lorsque l'animal est abattu avant d'être arrivé à son âge de maturité ? Une viande ainsi faite est nécessairement lymphatique ; elle sent la fabrique et la mécanique humaine ; elle ne peut être aussi succulente, aussi sapide que nos viandes françaises, provenant généralement d'animaux plus mûrs, plus faits, nourris d'herbage et de pacages. Nos animaux s'engraissent par un état de repos et un développement normal de santé à l'âge convenable pour que la chair ait acquis sa maturité. Les animaux anglais sont soumis, au contraire, à un régime qui leur donne la maladie de graisse à l'âge où ils devraient se développer en force selon les lois naturelles.

Une maladie que l'on donne aux animaux

Ce n'est pas que l'on doive blâmer sous tous les rapports le système anglais ! Il tourne au profit de la classe la plus nombreuse. Si en France il y a d'excellente viande, il y en a aussi de détestable ; en Angleterre, elle est toujours et partout moyennement bonne. La maladie qu'on donne aux animaux a pour résultat de fabriquer à bon marché une chair suffisamment accomplie ; cette rapidité dans la fabrication de la chair, et cette précocité que les races montrent dans l'aptitude à l'engraissement, ne peuvent coexister avec une qualité supérieure ; mais au moins tout l'ensemble de la nation est bien nourri, et chaque homme peut consommer une quantité de viande.

Nous avons dit que cet excès de graisse développée dans le corps des bestiaux était une maladie. En effet, les animaux soumis au cruel bienfait de cette nourriture *engraissante* perdent les qualités morales qui les caractérisent, et revêtent, pour la plupart, des formes hideuses incompatibles avec leur distinction à l'état de nature. Là où la beauté manque régulièrement dans la forme, la santé est généralement altérée. On sent instinctivement qu'en principe le beau doit toujours être le frère du bon. ■

D'après...
> *Le Magasin pittoresque* paru en 1852

Le saviez-vous ?

Si la France m'était contée...

QUERELLEUSES
méfiez-vous !

Parmi les peines les plus curieuses, usitées au Moyen Age, en France, en Allemagne et dans le nord de l'Europe, celle de *la pierre au cou* était encore souvent appliquée au XVIIe siècle.

Les calomniatrices et les querelleuses étaient condamnées à se promener dans les rues de la ville, ayant une pierre suspendue à leur cou : si la faute était plus grave, elles étaient précédées, dans ces promenades, par un cornet ou une trompette, et faisaient trois fois le tour de l'Hôtel-de-Ville, les jours de marché. A l'origine, au lieu de la pierre, on leur attachait un chien, une roue de charrue, etc. ; mais, par la suite, ce fut toujours une pierre dont la forme différait seulement suivant les pays. Quelquefois cette pierre était sculptée en tête de femme, avec une langue haletante, comme celle d'un chien fatigué ; d'autres fois, c'était l'image d'un chien ou d'un chat, ou bien encore c'était une bouteille que l'on nommait « *la bouteille du bourreau* » ; et de là naquit le proverbe « *boire de la bouteille du bourreau* ».

La gravure ci-contre représente une pierre de cette dernière forme. Les deux figures que l'on voit sont celles de deux femmes qui s'étaient publiquement battues et qui ont subi pour la dernière fois cette peine, le 15 octobre 1675. ■

La *pierre au cou*

D'APRÈS... ***Le Magasin pittoresque*** paru en 1834

que l'Ampoule fut mise en mouvement pour un but autre que celui que l'usage lui donnait. Les clefs du tombeau de saint Remi, qui la renfermait, étaient placées dans la chambre du grand-prieur : c'était lui qui ouvrait et fermait la porte. Il s'était formé un ordre de chevaliers, et plus tard, de barons de la Sainte-Ampoule. Au sacre de Louis XIII, les barons portaient le dais qui protégeait la relique. Les habitants du Chêne-le-Populeux avaient le privilège d'accompagner la Sainte-Ampoule aux cérémonies du sacre, soit parce que leurs pères avaient été les vassaux de saint Remi, soit parce qu'ils avaient défendu la fiole contre les Anglais.

Voici la description de l'ancien reliquaire : la sainte fiole était portée par une colombe d'or, au bec de corail et aux pieds rouges. L'artiste avait adopté la tradition générale, et il paraît qu'à l'origine cette colombe avait été suspendue, car elle portait un anneau à la tête. Depuis, elle fut fixée sur une pièce d'orfèvrerie en vermeil, plate et ronde comme une assiette, sculptée, ciselée et ornée de pierreries. Le tout était recouvert d'une plaque de cristal qui permettait de voir la relique. A côté, on attachait l'aiguille d'or qui servait à détacher le saint baume. Le mélange se faisait sur une patène fixée par des écrous d'argent au dos du précieux meuble, et qu'on détachait aux jours du sacre. A ce reliquaire était attachée une chaîne d'argent qui servait à le suspendre au cou du grand-prieur, quand il portait la Sainte-Ampoule pour la cérémonie du sacre. La fiole était bouchée avec un morceau de taffetas cramoisi. ■

Ancien reliquaire de la Sainte-Ampoule, autrefois renfermé dans le tombeau de saint Remi, brisé en 1793

D'APRÈS... ***Le Magasin pittoresque*** paru en 1837

La mystérieuse
Sainte-Ampoule

On nommait Sainte-Ampoule une petite fiole de verre antique et blanchâtre, haute de 41 millimètres. Le baume qu'elle renfermait avait l'apparence d'une liqueur tirant sur le roux ; il était peu liquide et n'avait pas de transparence. En 1760, le vase semblait plein aux deux tiers. On prétendait que la quantité du baume ne diminuait jamais, que les parties enlevées renaissaient aussitôt ; on ajoutait que la santé des rois de France influait sur le contenu de la Sainte-Ampoule : il baissait quand ils étaient malades, il augmentait quand ils avaient recouvré la santé. On croyait que la Sainte-Ampoule était descendue du ciel. Suivant Hincmar, c'était une colombe qui l'avait apportée à saint Remi, au moment du sacre de Clovis ; c'était un ange, suivant Godefroy de Viterbe, Guillaume Lebreton, la chronique de Morigny, et une épitaphe de Clovis.

Toutefois ce ne fut qu'au couronnement de Louis XVI qu'on parla pour la première fois, d'une manière nette, de la Sainte-Ampoule et de sa destination. Les récits des sacres antérieurs portent simplement que les rois furent oints d'une huile bénite. L'ancien reliquaire, contenant la Sainte-Ampoule, ne sortait du monastère de Saint-Remi que les jours du sacre. Louis XI voulut l'avoir près de lui à son lit de mort, et fut obéi. C'est la seule fois

Origine du mot
TINTAMARRE ?

On trouve dans les vieilles chartes du Berry que Jean, fondateur de la chapelle de Bourges, allant un jour à la chasse, rencontra un grand nombre de vignerons dans un état si misérable, qu'il les interrogea amicalement, et en eut pitié.

Il apprit d'eux qu'on les faisait travailler jusqu'à quinze et seize heures par jour, et pour abolir cette coutume, il ordonna qu'ils n'eussent à se rendre au travail qu'à six heures, et qu'ils pussent s'en revenir à six heures du soir en été, à cinq en hiver. Le duc ne voulut pas que cette promesse fût illusoire, et il enjoignit à ceux qui étaient le plus près de la ville, et qui par conséquent entendaient sonner l'heure, d'en prévenir leurs voisins, qui devaient l'annoncer aux plus éloignés : « Tellement, dit l'auteur de ce récit, qu'en toute la contrée s'entendoit une grande huée et clameur, par laquelle chacun étoit finalement averti qu'il falloit faire retraite en sa maison. »

Tous donnaient cet avertissement en *tintant* avec une pierre *dessus leur mare* (mare, c'était le nom d'un instrument de labour), d'où il serait possible que depuis on eût appelé *tintamarre*, en général, tout ce qui rappelait un bruit de ce genre. ■

D'APRÈS... ***Le Magasin pittoresque*** paru en 1836

Quand la PORCELAINE de VALENCIENNES le disputait à celle de Sèvres

Dans la dernière moitié du dix-huitième siècle, la vogue acquise par les porcelaines dures allemandes, par les porcelaines à pâte tendre de la manufacture royale de Sèvres et celles des rares fabriques qui avaient été fondées sous le patronage des princes du sang et de quelques grands seigneurs, avait poussé plusieurs faïenciers intelligents à imiter les formes et les décors des porcelaines : c'est ainsi que nous avons vu les manufactures de Strasbourg, de Niderviller, de Saint-Clément, de Rouen même, et tant d'autres, emprunter, à la porcelaine ses décorations à couleurs facilement fusibles, ses applications d'or, ses profils élégants et sa pâte fine ; mais ces produits, nouveaux dans l'art de la faïence, manquaient, malgré leur perfection, de ce qui faisait la supériorité de la porcelaine : la translucidité et surtout la solidité.

Quelques rares faïenciers connaissaient bien cependant les procédés et les secrets de la fabrication de la porcelaine ; mais lorsqu'ils voulaient transformer leurs manufactures, ils se trouvaient arrêtés par les dépenses considérables qu'eût entraînées cette nouvelle fabrication, et surtout par une barrière presque infranchissable alors, les privilèges exclusifs accordés aux manufactures existantes, et l'impossibilité dans laquelle ils se trouvaient d'obtenir de nouvelles patentes.

Le monopole de la Manufacture royale se brise

Néanmoins, vers 1770, la découverte en France de plusieurs gisements de kaolin, en permettant de fabriquer la véritable porcelaine dure, créa pour ainsi dire une nouvelle branche d'industrie ; la Manufacture royale conserva toujours cependant ses anciens privilèges, et si on ne refusa pas les autorisations demandées de tous les côtés du royaume, on y mit dans le principe cette restriction que les fabricants de porcelaine ne pourraient livrer au commerce que des produits décorés en camaïeu et sans aucune dorure ni peinture polychrome. Cette défense fut souvent éludée, et bientôt on fabriqua partout, et à peu près librement, la porcelaine dure.

Parmi les industriels qui les premiers sollicitèrent et obtinrent l'autorisation de fonder une manufacture de porcelaine, nous trouvons, vers 1771, Fauquez, propriétaire de la faïencerie de Saint-Amand-les-Eaux (Nord). « S'il réussit assez bien comme fabrication, dit un document de l'époque cité par M. le docteur Lejeal dans son intéressant travail sur les faïences et les porcelaines de Valenciennes, il n'en fut pas de même au point de vue commercial ; il fut écrasé par le voisinage de Tournai et par la contrebande qui s'exerçait sur la frontière, par où la porcelaine entrait avec la plus grande facilité dans le royaume en fraude du droit, qui était de cent livres par quintal. » Il ne put donc pas lutter longtemps contre cette concurrence frauduleuse, et en 1778 il était revenu à la fabrication exclusive de la faïence.

Malgré les entraves, Fauquez persiste, et réussit

Malgré ce premier insuccès, il sollicita, en 1785, un nouveau privilège pour établir une fabrique de porcelaine à Valenciennes, et l'obtint, mais à la condition de n'alimenter ses fours qu'avec du charbon de terre. Cette condition avait été déjà imposée l'année précédente à la manufacture de Lille. Si elle avait cet avantage de donner un débouché considérable aux produits des mines de houille situées dans le voisinage, et d'épargner le bois qui devenait

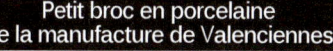
Petit broc en porcelaine de la manufacture de Valenciennes

Tasse en porcelaine dure de la manufacture de Valenciennes

Arts/Industries

de jour en jour plus rare et dont le prix augmentait considérablement, elle exigeait par contre une expérience toute spéciale et complètement étrangère à Fauquez, qui jusqu'alors s'était servi uniquement de bois pour sa faïencerie. Il dut donc s'adresser à l'inventeur du nouveau procédé de cuisson à la houille, Michel Vannier, d'Orléans, qui, après avoir dirigé pendant un certain temps la manufacture de Lille, était en assez mauvais termes avec ses associés, et il le mit immédiatement à la tête de sa fabrication.

Ses premiers essais furent suivis d'une réussite complète, si l'on en croit le procès-verbal du défour-nement fait, le 27 novembre 1785, en présence des échevins et de l'inspecteur des manufactures du département du Hainaut, qui constatèrent que sur quinze cent quarante-huit pièces sorties du four, quarante-huit seulement furent trouvées défectueuses. Bientôt cependant, Fauquez fut obligé de s'associer son beau-frère, Lamoninary, avocat au Parlement de Flandre et surintendant du mont-de-piété, place très importante et très enviée à cette époque. C'était un homme intelligent, actif, et entre les mains duquel la manufacture, dont il devint peu de temps après seul propriétaire, prospéra rapidement.

Les finances s'effritent : la fabrique entame un lent déclin

Mais il eut le tort de se mêler de trop près aux événements politiques, se suscita de nombreux ennemis, et dut enfin, pour échapper à la sentence de mort prononcée contre lui par le tribunal révolutionnaire, émigrer à Mons, et de là à Dusseldorf.

On mit le séquestre sur sa fabrique, et, en 1795, on procéda à la vente de son mobilier en même temps que, par tous les moyens possibles, on essayait de faire vendre également sa manufacture. Des amis influents qu'il avait conservés à Paris et à Valenciennes obtinrent à plusieurs reprises des délais considérables, et réussirent enfin à le faire rayer de la liste des émigrés ; mais il ne put, malgré son activité, redonner à sa manufacture, abandonnée depuis sept ou huit ans, sa splendeur d'autrefois ; il fut obligé de la vendre, en 1810, et il tomba bientôt dans une misère si profonde qu'il dut se retirer chez une de ses filles, à Nivelles, en Belgique, où il termina sa carrière en 1818.

Malgré le peu de durée de son existence, la manufacture de Valenciennes a été une des plus importantes fabriques de porcelaine en France à la fin du dix-huitième siècle. En 1789, alors qu'elle était en pleine activité, elle n'occupait pas moins de quatre-vingt-dix ouvriers, et ses produits, d'une exécution parfaite, pouvaient rivaliser autant sous le rapport de la blancheur de la pâte que pour la pureté des formes et la variété des décors, avec ceux des fabriques les plus en renom à cette époque. Nous signalerons surtout ses décors à sujets de paysages en camaïeu violet ou rouge de fer, entourés d'or et de légères guirlandes de fleurs. Tous ses produits portent les marques suivantes :

  Valencien,

et, plus rarement, le Mot VALENCIEN.

Parmi les pièces remarquables sorties de la manufacture de Lamoninary, nous citerons encore une grande quantité de groupes importants et de sujets en biscuit de porcelaine, dont les modèles étaient dus pour la plupart à un très habile sculpteur, né à Bruxelles en 1759, Barthélemy Verboeckoven, plus connu dans le monde des arts sous le nom de Fickaërt.

Ajoutons enfin que la cuisson de la porcelaine à la houille, après avoir été abandonnée pendant longtemps à cause de la difficulté qu'elle présentait pour la conduite du feu, fut reprise au milieu du XIXe siècle, et qu'elle était alors en usage en même temps que celle du bois dans plusieurs manufactures, notamment à Sèvres. ■

D'APRÈS...
> *Le Magasin pittoresque* paru en 1878

Pot à eau avec cuvette de la manufacture de Valenciennes

La France pittoresque

Antiquité >>> XIXe — Institutions

Comment nos ancêtres battaient MONNAIE : l'insolite épopée

La fabrication des monnaies est une véritable épopée, émaillée de faits parfois insolites : des rois faux-monnayeurs altérant les pièces pour sauver leur pays de graves embarras financiers, au gouvernement de la 1ère République qui battit monnaie avec le bronze des cloches.

Chez les peuples primitifs, le commerce est toujours fait par voie d'échange : c'est ainsi que procèdent encore certaines peuplades, et même nos enfants, qui donnent tant de billes de marbre pour une bille d'agate, etc. Dans l'Amérique septentrionale, les peaux de castor ; dans l'Afrique centrale, les plumes d'autruche, les défenses d'éléphant, les mètres et les yards de cotonnade, etc., voilà la véritable monnaie. Au lieu des objets de consommation, les peuples anciens ont pris pour monnaies des morceaux de métal, régulièrement pesés et portant des marques spéciales. L'or, l'argent, le cuivre, le fer même, ont servi à fabriquer des monnaies : on sait que la monnaie de fer était d'un usage exclusif chez les Spartiates et chez les anciens habitants de la Grande-Bretagne.

Les premières pièces datent de la plus haute Antiquité

Certaines monnaies primitives ont été obtenues en coulant le métal fondu dans un moule de forme convenable ; mais, dès la plus haute Antiquité, on sut profiter de la malléabilité des métaux pour les façonner en les frappant entre deux coins de métal plus dur, qui portent en eux les empreintes que doit garder la pièce de monnaie.

Vue intérieure d'un atelier de la Monnaie, à Paris, au XIXe siècle

Il est nécessaire de savoir que le métal ainsi frappé prend un accroissement de densité : un centimètre cube de cuivre fondu pèse exactement 7,8 grammes ; mais le même volume de cuivre monnayé pèse 7,9 grammes, et même un peu plus. Les parcelles de métal se sont rapprochées : la limite

Franc à cheval, premier franc de l'histoire monétaire française, créé le 5 décembre 1360 par Jean II le Bon roi de France (1350-1364)

d'élasticité a été dépassée ; et il faut bien qu'il en soit ainsi, car autrement le métal ne garderait pas l'empreinte.

Le monnayage primitif s'opérait à l'aide de deux coins sur lesquels on frappait avec un lourd marteau : de là l'expression usuelle : battre monnaie. Comment peut-on graver un coin d'acier, malgré l'extrême dureté de la matière ? On recuit d'abord le morceau d'acier : c'est-à-dire qu'on le chauffe au rouge vif et qu'on le laisse refroidir avec une lenteur extrême. Le métal est alors adouci et se laisse attaquer par les outils d'acier trempé. Pour tremper un burin, par exemple, on le chauffe au rouge et on le refroidit brusquement en le plongeant dans l'eau. Les coins gravés sont soumis à la trempe : ils deviennent très durs et peuvent donner un très grand nombre d'empreintes tout en gardant les finesses de la gravure.

Quand l'altération des pièces était monnaie courante

Dans les siècles reculés, la marque officielle des États n'offrait pas toujours une garantie absolue pour la valeur réelle de la monnaie. Pour échapper à de graves embarras financiers, certains rois ont altéré les monnaies ; tel fut l'empereur Gallien (253-268 après l'ère chrétienne), qui a mérité d'être placé au premier rang parmi les faux-mon-

Institutions

Petite histoire du franc

5 DÉCEMBRE 1360 : premier franc de l'histoire monétaire française, le *franc à cheval* est créé. Cette pièce d'or valant une *livre tournois* est frappée pendant la guerre de Cent Ans, au moment de la libération du roi Jean le Bon, qui avait été capturé par les Anglais en 1356 à la bataille de Poitiers. Le terme « franc », employé dans le contexte de l'époque, signifie « libre ». C'est une monnaie très usitée durant le règne de Jean, nommée *franc à cheval* parce que l'on aperçoit le roi, armé de toutes pièces, et monté sur un cheval couvert d'une draperie sur laquelle sont brodées la croix ou des fleurs de lys.
20 AVRIL 1365 : cependant que la frappe du *franc à cheval* se poursuit (jusqu'en 1385), Charles V, fils de Jean le Bon, crée le *franc à pied*. Sur cette pièce, de même valeur que le *franc à cheval*, le roi est représenté debout. Charles VI continuera de frapper ce *franc*. **1437** : Charles VII reprend la frappe du *franc à cheval*, mais la pièce est moins lourde (3,06 grammes d'or au lieu de 3,87 grammes).
31 MAI 1575 : Henri III crée le *franc d'argent*, pièce de 14 grammes valant une *livre tournois*. Il fait également émettre le demi-franc et le quart de franc.
1586 : une déclaration royale interdit la frappe des *francs*, les pièces étant fréquemment rognées. Mais l'émission du demi-franc et du quart de franc est maintenue jusqu'en 1642. **23 DÉCEMBRE 1641** : Louis XIII met fin à la frappe des *francs*. Le terme *franc* tombe en désuétude. Seuls ne circulent plus que les *écus* et les *louis*.
1795 : décision de faire du « franc » l'unité monétaire française, en remplacement de la *livre* (loi du 28 thermidor an III - 15 août 1795). Le franc est divisé en 10 décimes, le décime étant lui-même divisé en 10 centimes. **1803** : La pièce de 1 franc d'argent, appelée *Franc Germinal*, est émise à la suite des lois de Germinal an XI. A cette date, on frappe dans le même métal des demi et quart de franc, ainsi que des pièces de 2 et 5 francs. Les multiples de 20 francs et de 40 francs sont monnayées en or. Le système monétaire mis en place au cours de cette période subsistera jusqu'en 1914. **1958** : réforme monétaire du général De Gaulle. 1 Nouveau Franc vaut 100 Anciens Francs. **2002** : le Franc est remplacé par l'Euro.

nayeurs ; il fit fabriquer des pièces de bronze étamé, que le trésor public livrait comme pièces d'argent.

Certaines pièces fausses, à l'effigie de Gallien, sont venues jusqu'à nous : outre le cuivre et l'étain, elles renferment un peu d'argent (un demi pour cent), parce que les anciens ne savaient pas séparer d'aussi petites quantités de métal précieux. Tout en livrant de la fausse monnaie d'argent, Gallien et ses successeurs avaient ordonné que les impôts ne seraient payés qu'en monnaies d'or (qu'ils avaient soin de ne pas altérer). Philippe-le-Bel, Philippe-de-Valois et même le dauphin Charles (depuis Charles V) ont altéré les monnaies, afin de remédier à des crises financières. Le remède était pire que le mal ; mais, dans ces temps reculés, le crédit public n'existait pas encore : il n'y avait pas d'emprunts d'État.

Fabrication de la monnaie : mode d'emploi

Pour fabriquer les monnaies on commence par couler le métal dans une lingotière de fonte : on obtient un lingot dont l'épaisseur est plus forte que celle de la pièce de monnaie. On passe le lingot au laminoir (composé de deux cylindres polis tournant l'un sur l'autre) de manière à le réduire en une lame d'épaisseur convenable. A l'aide d'un emporte-pièce (mu par une machine), on découpe dans ces lames des *flans* (disque de métal dont l'épaisseur et le diamètre sont ceux de la pièce de monnaie). Les rognures sont renvoyées à la fonderie, ainsi que les flans d'un poids trop faible : ceux dont le poids est un peu trop fort sont ramenés au poids juste par un ouvrier spécial.

Les flans sont ensuite décapés à l'acide, lavés et séchés avec soin. Pour frapper les monnaies, on se servait exclusivement d'un balancier : c'est une forte vis dont la tête porte un double levier, comme la vis des presses à copier, que tout le monde connaît. Plusieurs hommes tiraient sur des cordes attachées aux deux extrémités du levier, de manière à faire remonter la vis ; puis ils la lançaient en sens contraire ; elle descendait par son propre poids et venait frapper le coin. Pour une grande médaille, à relief très marqué, il ne faut pas moins de soixante coups de balancier.

Plusieurs de ces ingénieuses machines sont installées dans un des principaux ateliers de la Monnaie de Paris. Cette machine est si ingénieusement combinée que le travail de l'ouvrier se réduit tout simplement à la surveillance de la machine, à la fourniture des flans et à l'enlèvement des pièces frappées. Dans un intervalle de temps qui n'est pas plus grand qu'une seconde, la presse prend un flan, le place entre les deux coins, le frappe sur les deux faces, ainsi que sur la tranche ; enfin le jette dans un couloir d'où il tombe dans un panier sous la forme de pièce entièrement terminée. Le balancier pourrait frapper une pièce d'un seul coup mais il dépenserait beaucoup plus de travail et il faudrait ensuite imprimer la tranche à l'aide d'une machine spéciale. On emploie encore le balancier pour frapper les médailles, mais cette puissante machine est maintenant actionnée par la vapeur ; un seul ouvrier suffit pour la conduire ; pour la mettre en mouvement, il n'a qu'à poser le pied sur une pédale.

Un subtil mélange d'or, d'argent, de cuivre, d'étain et de zinc

Les alliages monétaires employés le plus souvent, sont d'abord l'argent et l'or, alliés d'une petite quantité de

Le *franc à pied* : face et revers

Revers du *franc à cheval* de Jean le Bon : croix fleuronnée dans un quadrilobe

cuivre qui leur donne de la dureté et les empêche de s'user trop vite par le frottement. Les pièces d'argent qu'on trouve dans le sol après un enfouissement de plusieurs années sont tellement couvertes de vert-de-gris, qu'on les prendrait souvent pour de vieux sous. Une pièce de cinq francs à l'effigie de Charles X a été retirée sous nos yeux du sol d'une ancienne écurie ; elle était encroûtée d'une patine si épaisse que l'empreinte n'était plus visible et qu'elle n'apparut qu'après le nettoyage de la pièce par l'action prolongée de l'ammoniaque.

Sous la première République, le métal des cloches fut employé pour la fabrication des monnaies, et certains sous de cloches ont été remarqués pour la finesse et la bonne conservation de leur empreinte. Mais le bronze des cloches est cassant et difficile à frapper. Jusqu'en 1850, le cuivre presque pur était employé pour la fabrication des sous, qui résistaient mal au frottement : on a donc cherché à remplacer le cuivre par un alliage plus résistant et cependant facile à frapper, constitué de cuivre d'étain et de zinc.

Outre les pièces françaises, la Monnaie de Paris est souvent chargée de la fabrication des pièces pour les États peu importants qui n'auraient aucun avantage à fabriquer eux-mêmes leur monnaie. ■

D'APRÈS...
> *Le Magasin pittoresque* paru en 1890

La plus ancienne monnaie d'or parisienne

On croit cette monnaie d'or antérieure d'environ deux siècles à la guerre des Gaules, c'est-à-dire approximativement de 250 ans avant J.-C. Celle que nous reproduisons d'après le spécimen conservé au Musée National de Saint-Germain, est en très bon état, les flancs ayant été rognés dans l'origine dans le but d'obtenir une quantité d'or aussi exacte que possible. La pièce a été démonétisée au moyen d'une rayure frappée sur la face avant d'être jetée comme offrande dans le lit du fleuve. C'était bien l'âge d'or gaulois, à l'époque où le commerce maritime de la Manche et les navigateurs phocéens précédaient les avides conquérants des basses époques, et les invasions des Cimbres. L'or était abondant dans les Gaules.

Dans l'origine les monnaies d'or semblables paraissent avoir été imitées de celles des Grecs. Mais peu à peu les types se sont transformés. Le cheval du revers, qui paraît avoir figuré la course du soleil, comme sur la belle monnaie des bords de la Manche à l'effigie de la Cérès gauloise, est entouré ici d'ornements plus ou moins symboliques, qui ont fini par le rendre difficile à comprendre, à moins que l'on suppose la représentation d'une sorte de voûte céleste. Les relations du commerce parisien étaient très étendues longtemps avant la conquête romaine. Cette pièce d'or, qui se retrouve de temps à autre dans le lit de la Seine, se rencontre aussi de l'autre côté de la Manche. Sir John Evans, le savant spécialiste, en cite deux recueillies non loin d'York. ■

D'APRÈS... Le Magasin pittoresque paru en 1906

Une croisade d'enfants au XIIIe siècle

En l'année 1212, il se passa en France et en Allemagne un des faits les plus extraordinaires dont il soit fait mention dans les annales du Moyen Age, une erreur inouïe dans les siècles, dit Mathieu Paris. Suivant le récit de ce chroniqueur, « un certain jeune gars, errant par les villes et les bourgs du royaume de France, comme s'il eût été envoyé de Dieu, chantait en langue française : Seigneur Jésus-Christ, rends-nous la sainte-croix ! avec beaucoup d'autres choses. Quand les autres enfants de son âge le voyaient et l'entendaient, ils le suivaient en foule, abandonnant leurs pères, leurs mères, leurs nourrices et tous leurs amis, sans que rien ne pût les retenir. » « Ceux qui précédaient les enseignes, raconte un autre chroniqueur, disaient qu'ils devaient passer la mer, et comme les fils d'Israël sortis de l'Egypte avaient obtenu la terre promise, eux aussi la posséderaient peut-être. »

Pendant ce temps, les mêmes faits se passaient en Allemagne, et des troupes d'enfants, de tout âge, de tout sexe, dont quelques-uns n'avaient pas douze ans, s'assemblaient à la voix d'un nommé Nicolas. Leur nombre, dans les deux pays, s'élevait à plus de 90 000, et ils éprouvèrent les mêmes désastres. Après des souffrances inouïes, les croisés de France parvinrent enfin bien diminués à Marseille. Là deux marchands de cette ville, Hugues Ferreus et Guillaume Porcus, offrirent de les transporter en Orient, sans aucun salaire, donnant la piété pour motif de cette résolution.

XIIIe siècle : navire du roi Saint-Louis

Sept vaisseaux chargés d'enfants mirent à la voile. Assaillis par une tempête durant le trajet, deux furent engloutis ; les cinq autres parvinrent à Alexandrie, où les Marseillais vendirent comme esclaves aux Sarrasins les malheureux enfants.

Les petits croisés d'Allemagne n'eurent pas un meilleur sort. Dans le long pèlerinage qu'ils eurent à faire pour se rendre en Italie, la faim, la fatigue et la chaleur les firent périr par milliers. D'après une prétendue révélation faite à l'un d'entre eux, ils étaient persuadés que la sécheresse serait telle cette année que les abîmes de la mer se trouveraient à sec, et ils arrivèrent à Gênes dans l'espérance de se rendre à Jérusalem en suivant le lit desséché de la Méditerranée. Leur illusion une fois dissipée, ils se dispersèrent dans les différentes villes maritimes de l'Italie ; mais ils ne purent trouver de navires pour la traversée. « Alors, dit un chroniqueur, ceux qui restèrent vinrent dans une si grande détresse que personne ne voulait les recevoir, et que l'on pouvait leur appliquer ces paroles de Jérémie : Les petits enfants ont demandé du pain, et il n'y avait personne pour leur donner. » Bien peu purent regagner leurs foyers, et la plupart furent réduits en esclavage par les habitants du pays.

Ainsi se termina cette singulière et malheureuse tentative de croisade, qui avait ému profondément les esprits les plus éclairés de l'époque, et avait fait dire au pape Innocent III : « Ces enfants nous reprochent d'être plongés dans le sommeil, tandis qu'ils volent à la défense de la Terre-Sainte. »

Nous avons emprunté les détails qui précèdent à Mathieu Paris, à Albéric des Trois-Fontaines, et à une Histoire de l'abbaye de Sens. La plupart des chroniques contemporaines, nationales et étrangères, font mention de ces événements. On peut en outre consulter les pièces justificatives du tome III de l'*Histoire des croisades* par M. Michaud. ■

D'APRÈS... Le Magasin pittoresque paru en 1870

Le saviez-vous ?

Quand les LOTERIES détournaient la loi

La loi du 27 mars 1836 prohiba toute espèce de loterie. La peine, en cas d'infraction, était de deux à six mois de prison, 100 à 6 000 francs d'amende, et la confiscation des fonds et effets qui se trouvaient exposés ou mis en loterie. On avait seulement excepté de l'abolition « les loteries d'*objets mobiliers*, destinées à des actes de bienfaisance ou à l'encouragement des arts, lorsqu'elles auront été autorisées. » Par cette unique exception, rentrèrent peu à peu la plupart des abus que l'on avait voulu détruire.

La spéculation prit le masque du philanthrope ou du protecteur des arts pour exciter de trompeuses espérances et réaliser des profits. On contrevint ouvertement à l'esprit de la loi en interprétant, par les équivoques les plus insoutenables, les mots *objets mobiliers* ; en promettant un objet, on eut soin d'en proclamer la valeur monétaire ; on n'offrit pas, comme appât, aux joueurs une somme en pièces d'or ; mais on leur mit sous les yeux des lingots ! ■

D'APRÈS... **Le Magasin pittoresque** paru en 1854

Les Sablaises aiment la cabriole

La ville des Sables d'Olonne, port de mer situé sur l'Océan, fait partie du département de la Vendée. Les campagnes qui l'environnent sont fertiles et habitées par une des populations les plus saines et les plus robustes de la France entière. Les hommes sont presque tous marins ; les femmes se livrent à la culture et à la pêche. Leur costume a un caractère général que varie seulement la coiffure. Celle-ci change presque à chaque commune ; la plus élégante est la *coiffe frisée* ou *cabriole*.

Pendant les heures de travail, les Sablaises marchent presque toujours pieds nus. Par les grands froids, elles sont chaussées de sabots et de *patines*, avec des bas sans pieds que, dans le pays, on nomme *viroles*. Lorsqu'elles vont à la fontaine, elles portent sur l'épaule la *courge* chargée aux deux extrémités d'une *buie* ou *galon*. En hiver, elles sont vêtues d'une sorte de mante qui descend à mi-corps et dont l'aspect est très singulier. Cette mante se trouve recouverte de huit à dix livres de laine tordue en écheveaux et teinte en bleu ou en noir. C'est ce qu'on appelle les franges ou les *bouchons*. Les veuves des marins portent cette mante même pendant l'été, comme vêtement de deuil. ■

D'APRÈS... **Le Magasin pittoresque** paru en 1849

Où se cachent les FÉES ?

La croyance dans la réalité et l'existence des fées ne s'est perdue que lentement en France. Sous le règne de Charles VII, elle était encore presque universelle. Dans le procès manuscrit de Jeanne d'Arc, qui était, au XVIIIe siècle, dans la bibliothèque de Saint-Victor de Paris, on lit que plusieurs fois on demanda à la jeune héroïne si elle n'avait pas vu les fées, si elle ne leur avait pas parlé, si elle n'avait pas été à leur arbre et à leur fontaine, près de son village de Domremy, en Lorraine. Les fées étaient ordinairement imaginées, ou sous la figure de petites vieilles difformes et hideuses, ou sous celle de belles femmes, savantes dans l'art de charmer et dans la divination. Les Limousins les ont appelées *fadas*, et les peuples de la Marche *feas*. On donnait pour habitation à ces fées des grottes ou des rochers. A proximité du Dorat, dans la Basse-Marche, se trouve un grand nombre de rochers blancs, appelés dans le pays pierres blanches, et que l'on croyait avoir été l'asile des fées. Au-dessus du Blanc, en Berry, à quelque distance de Lucai et du château d'Issoudun sur la Creuse, est une grotte qui passait pour leur avoir servi de retraite. Près de celui de Sarbois, dans la même province, on voit une caverne qu'on appelait autrefois la *Cave des Fées*. En Périgord, aux environs de Miramont, est une caverne nommée du Cluzeau, à laquelle on supposait la même destination. On croyait que cette caverne s'étendait sous la terre jusqu'à cinq ou six lieues ; on assurait même qu'il y coulait des ruisseaux au milieu de belles salles et de chambres pavées à la mosaïque, avec des autels et des peintures en plusieurs endroits. La même foi régnait dans le Limousin, l'Angoumois, la Saintonge, le Poitou, et presque toute la Bretagne. ■

D'APRÈS... **Le Magasin pittoresque** paru en 1833

La SCHUPFE

Ce supplice bizarre est mentionné dans l'ancien statut de Strasbourg que cite l'*Histoire d'Alsace* de Strobel. On lit à la page 331, art. 48 : « Celui qui mesurera le vin avec de fausses mesures sera puni du supplice de la schupfe, et le propriétaire du vin payera une livre. » Voici en quoi consistait ce supplice : on dressait au-dessus d'un égout ou d'une fosse remplie de boue et d'immondices une espèce de potence avec une poulie. Dans cette poulie passait une corde à laquelle était attachée une cage de fer. Le bourreau plaçait le coupable dans cette cage, qu'on hissait ensuite pour la laisser retomber dans la boue ; puis on la remontait de nouveau pour la laisser retomber encore, et ainsi de suite, jusqu'à ce que les magistrats présents fissent cesser l'exécution. ■

D'APRÈS... **Le Magasin pittoresque** paru en 1862

La France pittoresque — XIIIe >>> XVIIIe — Métiers

Du VALET fripon au LAQUAIS malin
ou le « faisant » devenu « faisan »

Aux treizième, quatorzième et quinzième siècles, le service des domestiques ne se divisait pas et les gages étaient médiocres ; le plus souvent, le seul et unique domestique d'un bourgeois faisait tout, depuis la cuisine, les chambres, jusqu'à l'écurie :

Molt volentiers chiés le borgois
Ne ja par lui n'iert refusée
Cose qui lui soit commandée.

Ce *factotum* était de ces salariés à l'année dont parle le *Menagier de Paris*, qui sont « pris pour estre serviteurs domestiques, pour servir à l'année et demourer à l'ostel. Et... aucuns n'est qui voulentiers ne quière besongne et maistre »

Des valets aux états de service contrôlés, et ne renâclant pas au travail

Il n'est point sans intérêt de constater que, même au quatorzième siècle, un certificat était exigé pour tout serviteur cherchant à se louer dans une maison bourgeoise. Autant le *Menagier* est coulant sur le choix du salarié temporaire, c'est-à-dire sur l'homme de manœuvre, ou l'homme de métier spécial loué pour un temps très court, autant il conseille la circonspection dans le cas où l'on prend un domestique à l'année. Il faut s'inquiéter d'où viennent ces gens, quelles raisons bonnes ou mauvaises leur ont fait quitter leurs maîtres. Il y avait une mode probable de livrets sur lesquels on notait les états de service et les remarques de la conduite des gens en place. Mais ces investigations n'étaient point tout encore : le maître devait faire subir au postulant une sorte d'examen moral, peut-être un peu spécieux, si l'on en juge par ce passage du *Menagier* :

« Se vous prenez chambrière ou varlet de haultes responses et fières, sachiez que au departir s'elle peut elle vous fera injure. Et se elle n'est mie telle, mais flateresse et use de blandices, ne vous y fiez point, car elle bée en aucune autre partie à vous trichier. Mais si elle rougist et est taisant et vergongneuse quant vous la corrigerez, amez la comme vostre fille. »

La plupart des gens de revenus modestes n'avaient qu'une bonne faisant la cuisine et balayant les chambres. C'est même par ce balayage que la chambrière doit commencer, afin de nettoyer les pièces « par où les gens entrent et s'arrestent en l'ostel pour parler. » Cela fait, elle se doit aux animaux domestiques, « car ils ne peuvent parler. Pour ce vous devez parler et penser pour eulx, se vous en avez. » Au surplus, le *Menagier* prévoit tout. Une mesure de précaution qu'il recommande entre toutes, c'est de veiller à ce que les valets éteignent bien leur chandelle en se mettant au lit, et ne fassent point comme font souvent des serviteurs peu soigneux, qui écrasent la flamme en jetant leur chemise dessus.

La *Manière de langage* nous montre quelles étaient, au quatorzième siècle, les relations entre le valet et le maître :

« — Janyn, dit le maître, mettez la table tost, car il est hault temps d'aler dyner.

— Voulantiers, mon seigneur », répond le domestique.

Et il court, étend la nappe, place les salières, les verres : il va chercher le pain « aussi bel et blanc comme l'en peut trouver en tout le monde, et aussi du vin vermeille claret et blanc bien gracious et aimable à boire. »

Parfois le valet muse et baye aux corneilles : « — Janyn, dors-tu ? — Nonil, mon seigneur ! — Que fais-tu doncques ? — Mon seigneur, s'il vous plaist, je songe. »

Si le valet a reçu l'ordre d'éveiller son maître au matin et qu'il l'ait oublié, il en reçoit de sérieux reproches : « — Que ne m'as tu reveillié bien matin comme je te commandoi hier soir ? — Mon signeur, par mon serment, si faisoi-je. — Hé ! tu mens faussement parmi la gorge. Quelle heure est-il maintenant ? — Mon signeur, il n'est que bien matin encore. – Ore leve toy ! »

Et le valet saute du lit qu'il a dressé près de celui de son maître ; il apporte la « hoppelande » et la cuvette avec l'aiguière pour la toilette.

A mesure que croît le nombre de valets, la qualité de leur service se dégrade

Dès la fin du quatorzième siècle, le luxe, ayant peu à peu passé chez les bourgeois des villes, amena la multiplicité des serviteurs. Ce n'est plus le pauvre valet employé à tous les usages, mais bien le laquais destiné à certain service déterminé et dédai-

Domestique du XIe siècle. D'après la tapisserie de Bayeux

Métiers

gnant toute autre besogne. Le cocher n'est plus le palefrenier, et l'argentier rougirait de servir à table.

La renaissance italienne contribua à en augmenter le nombre. Les financiers, les traitants, poussèrent si loin le faste du service que leurs laquais ne se comptaient plus. Il s'ensuivit un relâchement tel qu'un édit de 1577 interdit aux laquais de quitter leur maître sans son congé. Ce n'était point dans ces désertions que gisait le mal, mais bien plutôt dans la multiplicité de ces valets inutiles.

Mais on alla plus loin dans la fausse voie des prohibitions : on voulut empêcher les domestiques de se marier sans le consentement de leur maître, à peine de perdre l'arriéré de leurs gages chez lui. C'était comme une inconsciente réminiscence du *formariage*, cette loi qui livrait au seigneur féodal les biens de son serf marié hors du domaine. Le laquais malin tourna la difficulté : il commença d'abord par se faire remettre ses gages en retard, et, cela fait, se maria sans crainte.

Une servante au XVe siècle. D'après Fouquet

Les prodigalités du XVIIe siècle attisent la révolte et les exigences des laquais

En 1601, les valets de ferme élevèrent leurs prétentions et firent grève. Ils réclamaient un salaire double et la journée moindre. Le prévôt de Paris dut les taxer à huit sous par jour en été, pour les hommes, et pour l'hiver, à six sous. Le dix-septième siècle eut d'ailleurs le privilège de voir naître le valet fripon tel qu'il est illustré par les auteurs de comédie et de roman. Ce n'est point à dire qu'on n'eût point connu auparavant « cette détestable engeance », mais les somptuosités et les prodigalités de ces temps achevèrent de la faire fleurir. « Ferrer la mule » et « Faire danser l'anse du panier » devinrent des expressions destinées à peindre les infidélités des servantes.

La *Maltôte des cuisiniers*, citée par M. Nisard dans la *Revue de l'instruction publique*, s'écrie en parlant aux servantes :

Rôtisseur, épicier, chandelier, tout vous doit.
De porter le panier ne soyez pas honteuse,
Et faites-vous payer le droit de la porteuse.

C'est ce droit que l'on appela l'anse du panier. Quant à l'expression « Ferrer la mule », elle est plus compliquée, et ne s'appliqua d'abord qu'aux serviteurs recevant un pot-de-vin pour faire faire à leur maître une chose déterminée. Dans la suite, elle dut être détournée de son sens primitif et devenir synonyme de « l'anse du panier », car un petit dessin satirique, gravé chez Guérard, met en scène un marchand de vinaigre et une servante, celle-ci disant au marchand :

Ordonnance royale du 8 avril 1717 contre les domestiques

« Sa Majesté étant informée que plusieurs personnes, même d'une qualité distinguée, et dont l'exemple fait le plus d'impression sur le public négligent de faire observer par leurs domestiques, la Déclaration du feu Roy, son très honoré Seigneur et Bisaïeul, du premier juillet 1713 par laquelle il est expressément ordonné que tous les domestiques compris sous le nom de Gens de livrée, à savoir, les portiers, laquais, porteurs de chaise, cochers, postillons et palefreniers, même les froteurs dans les maisons où ils demeurent en qualité de domestiques porteront sur leur juste-au-corps et sur tous dont ils sont vêtus, ou du moins sur le parement de chacune des manches, ou sur les poches dudit juste-au-corps et sur tous, un galon de livrée d'une couleur apparente : en sorte qu'un très grand nombre de domestiques de cette espèce n'ayant aucune des marques qui puissent les connaître pour tels, se trouvent souvent confondus, et principalement dans les spectacles et dans les promenades publiques, même dans les Maisons Royales avec des personnes de toutes conditions, sujets de Sa Majesté ou étrangers ; ce qui non seulement est contraire au bon ordre et aux règle de la bienséance mais aussi peut donner occasion à plusieurs incidents, au préjudice de la sûreté et de la tranquillité publique.

A ces causes, Sa Majesté, de l'avis de Monsieur le Duc d'Orléans son oncle, Régent, a ordonné et ordonne que ladite Déclaration sera exécutée selon sa forme et teneur ; que conformément à icelle tous les domestiques compris sous le nom de Gens de livrée, seront tenus de porter sur leur juste-au-corps et sur tous, ou du moins sur le parement extérieur des manches, ou sur les poches, un Galon de livrée, d'une couleur et d'une largeur apparente, et qui sera posé et cousu à demeuré dans un endroit apparent. Enjoint Sa Majesté aux maîtres de veiller à ce que ladite Déclaration et la présente Ordonnance soient exactement observées par leurs domestiques ; le tout à peine de désobéissance, et sans préjudice des autres peines portées par ladite Déclaration. Mande et ordonne Sa Majesté, au sieur d'Argenson, Conseiller d'Etat ordinaire, et lieutenant général de police de sa bonne ville de Paris, de tenir la main à l'exécution de la présente Ordonnance, qui sera lue, publiée et affichée par tout où besoin sera, à ce qu'aucun n'en prétende cause d'ignorance. »

LA FRANCE PITTORESQUE   Métiers

Ton vinaigre est assez payé,
Cinq liards le demystié (sic).
A quoi le vinaigrier riposte :
Il vaut six liards, malgré ton préambule ;
Tu voudrois bien d'un liard ferrer la mule.

On a voulu voir dans l'expression Ferrer la mule une allusion à un épisode de la vie de Vespasien. Mais voilà qui est bien savant. Un jour que cet empereur voyageait, son esclave s'arrangea pour que la mule qui le portait se déferrât, afin de permettre à un quémandeur de remettre un placet à l'empereur. C'est aller chercher très loin le qualificatif de chose vieille comme le monde. Quoi qu'il en soit, Lagnier, dans ses *Proverbes*, montre une servante agenouillée et ferrant une mule. C'est donner une forme palpable à un proverbe courant.

Aussi bien tous les satiriques tombèrent-ils sur les laquais de ce temps. C'étaient, disaient quelques gens, suppôts d'enfer lâchés par le diable sur terre :

Ces laquais, race détestable,
Qui n'aime que le vin, l'ordure et le brelan.
...
Ne sont différents de leur père,
Qu'en ce qu'ils sont encor cent fois pires que lui.

Et le caricaturiste représente des valets affublés comme des grands seigneurs, jouant autour d'une table, tandis que le diable « leur père » en laisse de haut tomber un qui mettra la discorde au milieu d'eux, et les fera se battre comme portefaix.

En 1663, la quantité des laquais était telle, et leur insolence alla si loin, qu'une ordonnance promulguée contre eux obligea plus de vingt mille domestiques de tout sexe à sortir de Paris. C'était un nombre énorme eu égard à la population d'alors. Mais, chassés par les portes, ils rentrèrent par les fenêtres ; moins de cinq ans après tout était à refaire, et les laquais faisaient à eux seuls un dixième de la population parisienne. Comme auparavant, ils se réunissaient à l'entrée de la foire Saint-Germain, battaient et souvent tuaient les gens paisibles.

Mais croirait-on que les charges si lourdes de la capitation leur étaient épargnées, et que seuls dans le peuple ils étaient exempts d'autres redevances financières qui ruinaient l'ouvrier ? Ce qu'il y eut de remarquable fut qu'un certain sentiment de dignité venant à s'élever en eux, ils se plaignirent de cet état de choses,

Origine des laquais. Fragment d'une estampe du XVIIe siècle

qui paraissait les mettre à part du reste des Français et créer à leur endroit une catégorie désobligeante. Ils s'émurent si bien qu'ils provoquèrent des réunions, adressèrent des requêtes en haut lieu, basant leurs observations sur leur qualité d'hommes et de Français qu'ils revendiquaient bien haut. Dangeau nous raconte toutes ces histoires, et il ajoute que les domestiques obtinrent gain de cause. Une déclaration du roi vint, en 1695, les soumettre à l'impôt comme les autres citoyens.

Ils sombrent dans le vol, la débauche, et insultent les passants dans les rues

Le privilège de milice, qu'ils avaient aussi, ne les inquiéta point autant. Il leur sembla moins utile de réclamer le droit d'aller se faire tuer sur les champs de bataille. Il fallut que d'autres y songeassent pour eux. En 1743, il y eut des émeutes de la classe populaire, outrée de voir de gros et gras valets échapper à la loi de la conscription militaire.

Le dix-huitième siècle vit l'apogée des abus en ce qui concernait la domesticité. Le préambule de l'ordonnance de 1720, la première ordonnance véritablement sérieuse en l'espèce, esquisse suffisamment l'état de décadence dans lequel était tombée la classe des domestiques et des laquais : « Sur ce qui nous a été remontré par le procureur du roi, que la facilité avec laquelle les valets, serviteurs et domestiques quittent le service de leurs maîtres, celle qu'ils ont de trouver à Paris de nouvelles conditions, et d'entrer bien souvent sans être connus au service de toutes sortes de personnes, est une des principales causes non seulement de leur libertinage et débauche, et du grand nombre de vagabonds et gens de mauvaise vie qui se trouvent dans cette ville, mais encore de vols domestiques et de plusieurs autres accidents et malheurs qui arrivent journellement, dont il n'y a que trop d'exemples, etc. »

Après ce préambule peu flatteur, l'ordonnance concluait sévèrement à pourvoir les laquais d'un livret sur lequel les maîtres feraient leurs observations. Les peines édictées contre les délinquants étaient d'une excessive rigueur : le vol domestique était puni de mort. Une ordonnance de 1724 fixa la législation sur ce point. C'était d'ailleurs la seule punition des laquais infidèles, et Brantôme a conservé le curieux récit de l'exécution d'un petit marmiton, lequel avait dérobé un couvert d'argent

« Faire danser l'anse du panier » et « Ferrer la mule »
D'après Lagnier, *Proverbes*

Métiers

dans l'office d'un prince, et qui à sa dernière heure précipita du haut de l'échelle un vénérable prêtre, lequel l'exhortait à bien mourir.

J.-J. Rousseau dit, au sujet des laquais de son temps : « Derrière la maison est une allée couverte dans laquelle on a établi la lice des jeux. C'est là que les gens de livrée et ceux de la basse-cour se rassemblent en été le dimanche après le prêche, pour y jouer en plusieurs parties liées, non de l'argent, on ne le souffre pas, ni du vin, on leur en donne, mais une mise fournie par la libéralité des maîtres. Cette mise est toujours quelque petit meuble ou quelque nippe à leur usage. » C'est là, ajoute Rousseau, le moyen d'avoir « des gagnants au jeu sans que jamais personne perde » ; mais ce que Rousseau ne dit pas, c'est que les joueurs tenaient le plus souvent l'enjeu moins de la libéralité du maître que de leurs propres larcins.

En dépit de l'ordonnance de 1720, le relâchement alla s'accentuant jusqu'à la Révolution. Une ordonnance de 1778 prescrivit quelques précautions qui n'eurent guère d'influence :

1° Le domestique en entrant en place doit être muni d'un certificat de son ancien maître.

2° Nul valet ne peut porter un faux nom ou cacher son ancienne adresse, à peine de 200 livres d'amende contre ses répondants ou cautions.

3° Le valet doit respect à son maître : celui-ci doit être humain envers son valet.

4° Il est interdit à un laquais de louer une chambre à l'insu de son maître.

5° Sont réputés vagabonds les domestiques restés un mois sans place, etc.

Un autre article portait que le domestique avait huit jours pour quitter son maître.

Avant la Révolution, tandis que dans les hôtels somptueux la foule des laquais se répand jusque dans les cours et sur le pas des portes, bayant, fumant, insultant les passants, le domestique bourgeois continue à faire « danser l'anse au panier » et trop souvent à mal servir. Fontenelle disait, vers le milieu du siècle, que son domestique le négligeait comme quarante eussent pu le faire. Le vol domestique, quoique menacé de répression terrible, était très fréquent alors, et la sottise de quelques gens fiers d'être pillés par leurs laquais ne fit qu'accroître le mal. Voisenon, sur le point de mourir, avait commandé un énorme cercueil de plomb ; il le fit apporter dans sa chambre par son domestique qui suait sang et eau à traîner cette énorme charge. « Le diable serait bien que tu me prisses cet habit-là, lui dit Voisenon. »

La loi du 24 juin 1793 peut être considérée comme une déclaration des droits des serviteurs à gages : « Tout homme peut engager ses services, son temps, mais il ne peut se vendre ni être vendu. La loi ne reconnaît point de domesticité. Il ne peut exister qu'un engagement de soins et de reconnaissance entre l'homme qui travaille et celui qui l'emploie. » ∎

D'APRÈS...
> *Le Magasin pittoresque* paru en 1890

Quand les laquais semaient la terreur à Paris

Deux déclarations, l'une de 1660 et l'autre de 1666, avaient interdit le port d'armes aux particuliers. Cependant les laquais et domestiques de grande maison continuaient de porter l'épée. Le lieutenant général de police, La Reynie, annonça, dès sa nomination, son intention de faire quitter l'épée aux valets et autres personnes capables de causer du désordre, de faire sortir de Paris les gens sans aveu qui pouvaient servir le roi dans ses armées, et de purger ainsi la ville de tous les vagabonds. Ces principes posés et nettement proclamés, il s'agissait de montrer qu'ils ne seraient pas lettre morte.

Une occasion se présenta bientôt. Un laquais du duc de Roquelaure et un page de la duchesse de Chevreuse avaient battu et blessé un étudiant sur le Pont-Neuf. Ils furent appréhendés, condamnés à être pendus, et exécutés sans miséricorde, malgré les plaintes de leurs maîtres.

Deux ans plus tard, le 5 juin 1669, La Reynie remettait en vigueur d'anciennes ordonnances défendant aux domestiques de quitter leurs maîtres sans congé, et aux maîtres de prendre des domestiques sans livret régulier. La violence et l'insolence des laquais de grande maison étaient tellement enracinées que, le 25 mars 1673, le lieutenant général de police dut

XVIIIe siècle. — Nuée de valets devant un hôtel. Extrait du *Tableau de Paris* de Mercier

leur défendre de nouveau de s'attrouper sous peine de la vie, et de porter des cannes ou bâtons sous peine de punition corporelle, indépendamment d'une amende de trois cents livres contre leurs maîtres. L'ordonnance était motivée sur ce que la défense d'avoir des bâtons, faite plusieurs fois aux laquais, et le châtiment exemplaire que quelques-uns avaient encouru, ne suffisaient pas pour empêcher un certain nombre d'entre eux d'en porter et de se livrer à des actes de brutalité intolérables. Cependant le désordre continua, et l'on vit en 1682 les laquais commettre de nouvelles insolences envers de jeunes filles et des dames de la cour, à la porte des Tuileries. Plus tard enfin, en 1693 et 1696, des ordonnances interdirent aux domestiques d'entrer dans les jardins des Tuileries et du Luxembourg, et il fallut encore réitérer la défense de porter des bâtons.

Gayot de Pitaval rapporte dans son ouvrage publié en 1734 l'anecdote suivante : « Des laquais à la porte du Jardin des Tuileries, se vantant d'avoir pris des libertés auprès des femmes de condition, l'un d'entre eux dit que la première jolie femme qui sortirait, il en aurait des faveurs malgré elle ; il poussa l'insolence jusqu'à mettre la main sous la jupe d'une femme de qualité, qui sortait des Tuileries. Il fut arrêté à la clameur publique, on lui fit son procès, il fut condamné par sentence et par arrêt, à être mis au carcan, et à un bannissement à temps : une pareille insulte constituait donc un crime public. La peine eût été plus grande, si c'eût été un domestique qui eût commis cette insolence à l'égard de sa Maîtresse. On ne saurait mettre un frein trop puissant à des domestiques qui ont, pour ainsi dire, entre leurs mains l'honneur, aussi bien que la vie, des Maîtresses qu'ils servent. » ∎

La France pittoresque — XIXᵉ — Le monde pittoresque

Le gigantesque INCENDIE qui ravagea NEW YORK

L'incendie qui dévora, en décembre 1835, une partie de la ville de New York, a prouvé quelles prodigieuses ressources le commerce des États-Unis pouvait trouver dans sa confiance, son sens et son admirable activité : c'est pour le vieux monde un sujet d'émerveillement et un exemple qu'il est bon de lui rappeler. Quand on cite la prospérité croissante du peuple américain, on en cherche toujours la cause dans sa position exceptionnelle, ses vastes territoires inoccupés, et les mille richesses naturelles dont il a été gratifié par la providence ; mais ici le génie américain fut seul chargé de réparer le désastre, et c'est dans le caractère du peuple, dans ses institutions et ses habitudes, qu'il faut chercher l'explication de tout ce qui fut accompli.

L'événement eut lieu au mois de décembre. Le froid était très violent et les cours d'eau avaient gelé, ce qui enlevait tout moyen de combattre le feu. Dans ce cas, qui se présente fréquemment en hiver aux Etats-Unis, on a coutume de miner les maisons pour couper l'incendie ; mais, par une sorte de fatalité, la poudre manquait.

Le cri : « *Au feu !* » se fit entendre vers huit heures du soir. Les flammes, qu'on n'avait aucun moyen de combattre, gagnèrent, de maison en maison, avec une rapidité prodigieuse ; des squares entiers brûlèrent en quelques heures. On jetait pêle-mêle au dehors les marchandises les plus précieuses. « La terre, dit un témoin oculaire, était jonchée de cachemires ; les chevaux marchaient dans la dentelle jusqu'au ventre ; les soieries françaises étaient embarrassées et déchirées dans les roues des chariots. »

Les négociants perdent tout, les compagnies d'assurance sont insolvables

Ces chariots mêmes ne se vendaient qu'au poids de l'or : une mésintelligence existait depuis quelque temps entre les négociants et charretiers, qui refusèrent de marcher à moins de 20 dollars par chargement ; quelques-uns même ne voulurent accepter aucun prix. Un négociant français, qui ne pouvait décider un de ces derniers à lui louer sa charrette et son attelage, lui acheta 500 dollars, et sauva ainsi pour deux millions de marchandises.

Quand on eut enfin réussi à arrêter les flammes, il se trouva que *cinquante-quatre acres*, la veille couverts de magasins et de maisons, ne présentaient plus qu'un amas de décombres et de cendres ! La plupart des négociants perdirent tout ce qu'ils possédaient, et jusqu'à leurs livres de commerce ; les compagnies d'assurance se trouvèrent insolvables ! Nul doute qu'en Europe un pareil malheur n'eût entraîné des faillites innombrables ; à New York il *n'y en eut point une seule !* Les négociants et les banquiers qui avaient échappé au désastre, vinrent au secours de leurs confrères ; ils reculèrent les échéances des billets souscrits par eux ; ils leur fournirent de nouveaux fonds pour continuer les affaires. Le crédit de la place, étayé par toutes les ressources de ceux qui avaient évité l'incendie, ne fut point ébranlé, et les gens qui la veille se croyaient perdus rentrèrent dans le mouvement commercial avec un redoublement d'ardeur.

On eût dit, en effet, que la nécessité de réparer tant de pertes donnait à tous une activité, un bon vouloir et une intelligence surhumaine. *Sept mois après l'incendie*, les *cinquante-quatre acres* incendiés étaient de nouveau transformés en rues, en places, en squares, et l'œil d'un étranger eût vainement cherché la plus légère trace du désastre.

La surexcitation donnée aux affaires eût même pour résultat d'enrichir des gens qui s'étaient regardés comme ruinés. Une famille de New York qui venait s'établir en France y apprit l'incendie, dans lequel toutes ses propriétés avaient été dévorées. Elle se réembarqua, décidée à chercher un travail quelconque pour les membres qui la composaient, et à recommencer sa vie parmi les plus pauvres citoyens de l'Union ; mais, en débarquant, elle apprit que les terrains sur lesquels s'élevaient ses maisons valaient plus à eux seuls qu'elle n'eût vendu les maisons elles-mêmes. Le feu qui avait tout dévoré, loin de l'appauvrir, venait de doubler sa fortune. L'incendie de New York fit cependant subir au commerce de cette ville une perte de dix-huit millions. ■

D'après…
> *Le Magasin pittoresque* paru en 1833

New York en 1850

Le monde pittoresque — Xe XIe XIIe XIIIe

Du XIe au XIIIe siècle : HASSAN BEN SABBAH fait trembler le monde

Hassan fils de Sabbah était le fondateur de la secte des Ismaéliens ou Bathéniens, *Bathéniens* signifiant, en arabe, *un homme qui suit la doctrine intérieure*, et désignant les principes établis par les Ismaéliens. Un des caractères de leur religion était d'expliquer d'une manière allégorique tous les préceptes de la loi musulmane.

Nos historiens des croisades les appellent *Assassins*, corruption de *haschichin*, qui vient lui-même de *hachischa*, nom arabe d'une préparation en usage parmi les Bathéniens, de feuilles de chanvre ou de quelque autre partie de ce végétal, que l'on employait de différentes manières, soit en liqueur, soit sous la forme de confection ou de pastilles édulcorées avec des substances sucrées, soit même en fumigation. L'ivresse produite par le haschischa jetait dans une sorte d'extase pareille à celle que les Orientaux éprouvaient par l'usage de l'opium.

Une interprétation du Coran entièrement opposée à la foi orthodoxe

Cette secte, dont les principes étaient éloignés du musulmanisme et du christianisme, avait pris naissance dans le Nord de la Perse. Le chef des Bathéniens, Hassan, habitait dans le château d'Alamoût, placé au milieu des montagnes. Ce fut la situation de ce séjour qui lui fit donner le titre de *chéik aldjébal, seigneur de la montagne*; mais comme le mot *chéik* signifie également *seigneur* et *vieillard*, nos historiens des croisades le prirent dans le dernier sens, et appelèrent le prince des Assassins, le *Vieux de la Montagne*.

Hassan, très habile dans la géométrie et infatué de la magie, avait formé, de toutes les religions qu'il avait étudiées dans ses voyages, une règle ou plutôt une association dont les membres, affranchis de tous les devoirs de la morale, interprétaient le Coran d'une manière entièrement opposée à la foi orthodoxe. Mais en revanche, on exigeait d'eux une obéissance aveugle aux ordres de leur chef, qu'ils devaient regarder plutôt comme un maître spirituel que comme un supérieur temporel.

Hassan Ben Sabbah

Une organisation sans faille : un chef, des prêcheurs et des exécutants

Les *dais* formaient la première classe de la secte : c'était à eux qu'il était réservé d'en propager la doctrine. Ils exerçaient les fonctions de missionnaires, se répandant dans toutes les provinces, y prêchant les dogmes de leur culte, et recevant la profession de foi de ceux qu'ils convertissaient. Les *fédais* étaient les ministres aveugles du Vieux de la Montagne ; c'était dans leurs mains qu'il plaçait le couteau sous lequel devaient tomber, sans miséricorde, tous ceux qui s'opposaient à l'établissement de sa doctrine ; les princes, les généraux, les docteurs, personne n'était à l'abri de leurs coups ; ils montraient, dans l'exécution du crime, une persévérance que leur seul fanatisme égalait.

Le mot de *fédai*, dans sa signification propre, signifie *homme dévoué*, et l'application en était très juste, puisque cette classe de la secte avait pour les ordres de son prince un dévouement sans exemple ; les jeunes gens élevés par le Vieux de la Montagne, étaient choisis parmi les habitants les plus robustes des lieux de sa domination, pour en faire les exécuteurs de ses barbares arrêts.

Toute leur éducation avait pour objet de les convaincre qu'en obéissant aveuglément aux ordres de leur chef, ils s'assuraient, après leur mort, la jouissance de tous les plaisirs qui peuvent flatter les sens. Pour obtenir des adeptes cette abnégation complète de leur volonté, on leur faisait avaler un breuvage qui les jetait dans une ivresse léthargique, et ils étaient transportés pendant leur sommeil dans des jardins délicieux. Là, dans des pavillons décorés de tout ce que le luxe asiatique peut imaginer de plus riche et de plus brillant, habitaient de jeunes beautés, uniquement consacrées aux plaisirs de ceux auxquels étaient destinés ces lieux enchanteurs. Avaient-ils passé quelques jours dans ces jardins où ils jouissaient de tous les plaisirs des sens, le même moyen dont on s'était servi pour les y introduire sans qu'ils s'en aperçussent, était de nouveau mis en usage pour les en retirer. Ils étaient enivrés de nouveau et reconduits chez eux.

On profitait avec soin des premiers instants d'un réveil qui avait fait cesser pour eux le charme de tant de jouissances, pour leur faire raconter devant leurs jeunes compagnons les merveilles dont ils avaient été témoins ; et ils étaient convaincus que le bonheur dont ils avaient joui pendant quelques jours trop rapidement écoulés, n'était que le prélude et comme l'avant-goût de celui dont ils pouvaient s'assurer la possession éternelle par leur soumission aux ordres de leur prince. Le chef de la secte promettait à ses disciples qu'après leur mort ils jouiraient éternellement des plaisirs qu'ils avaient goûtés pour un temps limité. L'espoir de cet avenir heureux leur faisait mépriser la vie. Le chef de ces fanatiques les envoyait dans les pays étrangers pour assassiner les personnes dont il avait intérêt à se défaire ou bien il les louait, moyennant une somme d'argent, pour commettre des meurtres.

Les Ismaéliens excellaient dans l'art d'infiltrer l'entourage de leur victime

Un dévouement miraculeux, cette confiance dans une vie dernière, dont la félicité ne saurait être décrite, produisait l'audace et la persévérance dans l'exécution des ordres du prince, le courage imperturbable qui portait les Ismaéliens à endurer la mort, sans que les souffrances les plus fortes pussent leur arracher aucun aveu. Ils étaient d'autant plus dangereux et redoutés, qu'ils s'introduisaient auprès de tous les princes, en changeant de costume et de profession suivant les circonstances. Ils prennent l'habillement syrien pour se défaire de l'émir Ahmed-yel ; ils entrent en qualité de palefreniers du Korassan, au service de Tadjel-moulk-Bouri, prince de Damas, et l'attaquent inopinément. Les meurtriers de Borski prennent l'habit de derviches pour éloigner d'eux tout soupçon. Les Ismaéliens veulent-ils poignarder le marquis de Montférat ? Ils embrassent le christianisme, prennent les habits religieux, affectent la piété la plus vive, gagnent l'amitié, l'estime du clergé, méritent la bienveillance de leur victime, et, après lui avoir donné la mort, ils périssent dans les supplices avec une admirable résignation.

Les califes, les émirs tombaient sous leurs coups dans les mosquées, dans les rues, sous les lambris des palais, au milieu de la foule du peuple et des grands. Etaient-ils pris le couteau fatal à la main, ils remerciaient le ciel qui les approchait du terme de leurs désirs, et la mort était pour eux le premier degré de la félicité.

Redouté, Hassan Ben Sabbah use de toute sa puissance pour faire plier ceux qui le défient

On les redoutait tellement, qu'ils enlevaient au milieu des rues les femmes, les enfants, sans qu'on eût le courage de s'opposer à leurs violences. Ils dépouillaient publiquement les gens d'une autre secte que la leur, donnaient asile aux plus grands criminels, et trouvaient dans l'impunité une nouvelle audace pour commettre de nouveaux crimes.

Le très fameux siège d'Alamoût, forteresse des Assassins, par Hülegü en 1256

Quelle que pût être l'étendue des domaines possédés pas les Ismaéliens, soit en Perse, soit en Syrie, elle ne saurait être comparée à la grandeur de leur puissance, établie par le fanatisme, maintenue par la crainte qu'ils inspiraient. Répandus dans tout le monde musulman, depuis les extrémités de l'Asie mineure jusqu'au fond du Turquestan, ils étaient partout redoutés.

La puissance de ce chef avait inspiré quelques craintes au sultan Mélicschah, qui lui envoya l'ordre de se soumettre à l'autorité royale. Hassan appela aussitôt un Bathénien et lui ordonna de se tuer, ce que cet homme fit incontinent ; il commanda à un autre de se précipiter du haut d'une tour, et ce fanatique obéit sans montrer la moindre hésitation. Alors il dit à l'officier de Mélicschah : j'ai sous mes ordres soixante et dix mille hommes tout aussi dévoués à ma volonté que ceux que vous venez de voir ; portez cette réponse à votre maître. Mélicschan n'osa pas attaquer les Bathéniens. Ces sectaires devinrent très puissants et s'emparèrent d'un grand nombre de châteaux forts, entre autres de celui d'Alamoût, près de Casbin. Ils se répandirent ensuite dans les contrées voisines de la Perse, et pénétrèrent jusque dans la Syrie et le Liban, où ils avaient des chefs soumis au grand pontife de la secte qui résidait en Perse.

L'histoire nous apprend qu'Henri, comte de Champagne, ayant fait un voyage dans la petite Arménie, il rendit visite, à son retour, au roi des Assassins, et en fut reçu avec les honneurs les plus distingués. Le prince le promena dans tous les lieux de son séjour ; et l'ayant conduit à une tour très élevée, sur chaque créneau de laquelle étaient des hommes vêtus de blanc : « Sans doute, dit-il à son hôte, vous n'avez point de sujets aussi obéissants que les miens. » En même temps il fit un signe, et deux de ces hommes se précipitèrent du haut de la tour et expirèrent à l'instant. « Si vous le désirez, au moindre signal de ma part, ceux que vous voyez se précipiteront également. » En se séparant de Henri, il lui dit : « Si vous avez quelque ennemi qui en veuille à votre couronne, adressez-vous à moi, et je le ferai poignarder par mes serviteurs. »

150 ans auront été nécessaires pour démanteler la secte

Le sultan Sandjar avait résolu d'extirper cette secte qui répandait la terreur dans toute la Perse par ses meurtres et ses déprédations, il se mit en marche pour attaquer le château d'Alamoût. Hassan se débarrassa par artifice de cet ennemi dangereux ; il séduisit un des serviteurs du prince, qui pendant son sommeil plaça près de sa tête un stylet aiguisé. Lorsque le matin, en s'éveillant, il aperçut le poignard enfoncé, il fut saisi d'une grande crainte ; mais comme il ignorait la main qui l'avait placé, il garda le silence sur cet événement. Au bout de quelques jours il reçut la lettre suivante du chef des Ismaéliens : « Si l'on n'avait point de bonnes intentions pour le sultan, on aurait enfoncé dans son sein le poignard qui a été placé près de sa tête pendant son sommeil. » On prétend que le sultan, si intrépide d'ailleurs, trembla après avoir lu ces paroles. Il est certain qu'il renonça à l'expédition qu'il avait projetée. Sindjar effrayé consentit à faire la paix avec les Ismaéliens, sous trois conditions : La première, qu'ils ne feraient aucune nouvelle construction à leur château ; la deuxième, qu'ils n'achèteraient point d'armes et de machines de guerre ; la troisième enfin, qu'ils ne feraient plus de nouveaux prosélytes. Il accorda même à Hassan, à titre de pension, une portion des revenus du pays de Coumès.

Dès lors Hassan vécut paisiblement dans le château d'Alamoût, livré à la retraite la plus sévère, aux exercices d'une piété vive, et à la composition de traités dogmatiques conformes à sa doctrine. On dit que pendant trente-cinq ans qu'il habita Alamoût, il ne monta que deux fois sur la terrasse de son palais. Il exigeait de ses sectaires la plus rigide exactitude dans l'observance de sa religion ; la tendresse paternelle ne put même le faire dévier de sa sévérité. Hosséin, son fils, ayant tué le dai du Couhestan, il le fit périr ; un autre de ses fils, pour avoir bu du vin, éprouva le même sort.

Cette dynastie d'Ismaéliens de Perse a fournit huit princes, en comptant parmi eux Hassan-ben-Sabbah, et elle a subsisté pendant un espace de cent soixante-dix ans, jusqu'au moment où Holagou (Hülegü), appelé par différents princes qui haïssaient les Ismaéliens à cause de leurs excès, conquit la Perse, détruisit les châteaux de la secte, et envoya au-delà de l'Oxus, Rokn-eddyn-Korchah, dernier souverain d'Alamoût. Ce grand événement eut lieu en 1256. ∎

D'APRÈS...
> Récits parus en 1825 et 1851

Vauquelin : inventeur incontestable du sirop pectoral de mou de veau

Si l'on retient de Louis-Nicolas Vauquelin qu'il découvrit le chrome et le béryllium, on connaît assez mal dans sa vie la partie purement pharmaceutique. Au début : les anecdotes rapportées par Cuvier dans son éloge académique ; à la fin : sa manufacture de produits chimiques sise 23, rue du Colombier, enceinte de l'abbaye Saint-Germain. C'est la raison pour laquelle il n'est pas sans intérêt de signaler une de ses spécialités : il s'agit d'un sirop pectoral dont voici le prospectus :

« SIROP PECTORAL ET BALSAMIQUE DE MOU DE VEAU par Vauquelin, apoticaire, rue de Ciery, au coin de celle Poissonnière, n° 85, à Paris.

« Ce sirop n'est point un remède universel ; mais l'expérience a constamment prouvé qu'il est, pour toutes les maladies qui attaquent la poitrine, le remède le plus souverain. Il supplée aux bouillons de mou de veau, rétablit, comme eux, le velouté de l'estomach, et produit les effets les plus salutaires, sans avoir rien de dégoûtant pour le malade. Dans la toux sèche, la coqueluche et les rhumes en général, qui proviennent toujours d'une transpiration arrêtée, il détruit l'humeur acre qui les entretient, en diminuant la difficulté de respirer. Enfin dans la pulmonie, ou phtisie pulmonaire, soit humide, soit sèche, héréditaire ou accidentelle, il calme l'altération et l'irritation qui sont inséparables de cette maladie.

« Manière de s'en servir. — Ce sirop se prend, ou pur, ou dans une tasse d'infusion, bechique, comme celle de mauves, de violettes, de bourrache, etc., trois cuillerées par jour suffisent; une le matin, une à midi, l'autre le soir, en observant de mettre une heure d'intervalle entre le repas et la prise du sirop. On peut aussi l'associer au lait de vache et à celui d'ânesse. Dans l'asthme, seulement, on le mêlera avec partie égale d'oximel scillitique. »

Ce prospectus date de la fin du XVIIIe siècle ou du commencement du XIXe. On trouve en effet dans la *Gazette de Santé* du 11 mars 1807 une recommandation pour ce sirop dont le succès a accrédité le débit et dont une espèce de possession a consacré la propriété.

Il convient de parler ici d'un pharmacien de Lyon, Macors, membre du Jury médical du département du Rhône et professeur de chimie. Faligot, dans *La question des remèdes secrets sous la Révolution et l'Empire* (1924) donne le texte d'un prospectus pour un sirop pectoral de mou de veau par distillation du au sieur Macors et dont la date est fixée vers l'an XI. Or on relève dans ce texte des phrases à peu près identiques à celles du prospectus de Vauquelin, par exemple : « Ce n'est assurément point un remède universel ; mais l'expérience a constamment prouvé qu'il est, pour toutes les maladies qui attaquent la poitrine, le remède le plus salutaire. (...) Rétablir le velouté de la poitrine. Dans les rhumes, en général, qui proviennent toujours d'une transpiration arrêtée. Dans la pulmonie ou phtisie pulmonaire, soit humide, soit sèche, héréditaire ou accidentelle. (...) En observant de mettre au moins une heure d'intervalle entre les repas et le sirop; dans l'asthme, on le mêlera en parties égales d'oxymel scillitique. (...) Associé au lait de vache ou d'ânesse, il en facilite la digestion. »

Louis-Nicolas Vauquelin

Bien que Macors affirme dans son texte qu'on a cherché à l'imiter dans toutes les principales villes et qu'il se soit fait donner un certificat par la Société de Médecine de Lyon (11 Vendémiaire an X), on peut se demander si ce n'était pas lui, le contrefacteur. La haute personnalité de Vauquelin, la réputation d'honnêteté et de désintéressement de l'illustre chimiste milite en faveur de cette hypothèse. De plus Macors fait approuver, en 1807, par Napoléon, un sirop vermifuge par distillation et crée des dépôts dans toutes les principales villes, mais il n'est plus du tout question du sirop de mou de veau qu'il n'aurait pas manqué de faire autoriser s'il en avait eu la priorité. Cette priorité, il convient donc de l'accorder à Vauquelin. ∎

D'APRÈS... **Revue d'histoire de la pharmacie** paru en 1933

Sinistre **destin** de JUSTINE-NICOLETTE de Foix : légende ou réalité ?

Un ouvrage paru en 1797 fait allusion à l'existence de Justine-Nicolette, fille de Françoise de Foix, comtesse de Châteaubriant, l'une des plus belles femmes du royaume de France dont François Ier avait fait sa favorite dès 1516, peu après son accession au trône. Victime innocente du ressentiment de son père, Justine aurait été maltraitée par ce dernier mais lui aurait tenu tête, douée d'une sensibilité d'âme et d'une force de caractère peu communes pour une enfant. Enfermée durant deux longues années avec sa mère dans une tour du château familial, elle n'aurait pas ménagé ses efforts pour tenter de délivrer la comtesse. Mais Justine-Nicolette y aurait perdu la santé, mourant de chagrin et d'épuisement à sept ans et un mois, la veille du décès de sa mère, ce dernier demeurant une des énigmes de notre Histoire.

La jeune de Foix possédait l'aimable sensibilité de l'âme. Dans l'âge du badinage et des jeux, l'amour filial avait cependant un empire absolu sur son cœur. Afin de mieux faire connaître la fille, disons auparavant quelques mots de la mère, car l'histoire de l'une est liée essentiellement à celle de l'autre.

François Ier étant monté sur le trône en 1515, il conçut le projet d'adoucir les mœurs des seigneurs de sa cour, en y attirant les plus belles femmes de son royaume. La comtesse de Châteaubriant fut de ce nombre, et ne fit que de faibles résistances pour n'en être pas. Elle devint en 1518 la favorite du monarque français, et conçut un mortel chagrin de s'en voir éloignée en 1528, devant alors céder la place à Anne de Pisseleu. Durant de longs mois, les deux favorites se voueront une haine féroce. Malgré la nouvelle favorite, Françoise de Foix restera l'amie et la correspondante du roi.

Jaloux, Jean de Laval enferme son épouse et sa fille

Après divers événements, Françoise retourna vers 1530 auprès du comte de Châteaubriant, dont le cœur était ulcéré. Jaloux et vindicatif, cet homme enferma sa femme dans une tour de son château. Après avoir fait murer les fenêtres de son appartement, il ordonna qu'on le tendit en noir ; et, dans cette espèce de cercueil, l'infortunée victime de son ressentiment, n'était éclairée que par la sombre lueur d'une lampe sépulchrale ; et, pour aliments, elle n'avait que du pain.

Sous prétexte de veiller à la santé de sa fille, mais réellement afin de tourmenter d'avantage son épouse, le comte arracha d'auprès d'elle la petite Justine, son unique société et sa consolation la plus douce. Ne pouvant absolument vivre sans sa mère, Justine-Nicolette déploya en cette rencontre fâcheuse une sensibilité d'âme et une énergie de caractère qu'on n'eût guère attendues dans un enfant de six ans. « Tu n'es plus mon papa, dit-elle à monsieur de Châteaubriant, puisque tu tourmentes maman et que tu me l'ôtes ; moi je ne veux plus être ta fille. »

Une mère faisant la lecture à sa fille

Tout surpris et non moins irrité de la déclaration naïve et franche de sa fille, le père s'abandonna aux excès les plus violents ; il la maltraita, et peu s'en fallut qu'il ne la tuât à force de la frapper. La petite n'en fut que plus résolue et plus ferme dans sa douleur ; elle souffrait les coups avec un grand courage, et dit froidement : « Si je me vois séparée de ma chère maman, j'aime mieux mourir tout à l'heure. »

Le comte fut désarmé par une pareille contenance ; il se remit peu à peu ; et, voulant ramener sa fille à lui, tenta les voies de la douceur. Justine ne prit point le change ; elle regarda les caresses du même œil que les menaces. On lui prodigua les soins ; on la pressa de prendre de la nourriture, elle refusa pendant deux jours de boire et de manger.

Vaincu par tant de résistance, l'époux rendit enfin l'enfant à la mère exténuée de tristesse. Le comte, dans son emportement féroce, avait blessé grièvement Nicolette à plusieurs endroits de la tête. La petite fris-

Personnages

sonnait au nom seul de Châteaubriant, et elle était sur le point de s'évanouir.

Maltraitée par son père, Justine est choyée par sa mère

Ce qui prouve que la haine du comte s'étendait de la mère à l'enfant, c'est qu'il ne procura absolument aucune douceur à son enfant dans sa prison. Il la sevra sans pitié des jouets qui font l'apanage et le passe temps de la première enfance. Elle fut strictement condamnée au pain et à l'eau. A peine lui restait-il de quoi se vêtir.

Privée de tous les agréments et mêmes des principales choses nécessaires à la vie, Justine-Nicolette n'en sentit pas moins renaître sa gaieté naturelle, sitôt qu'elle fut sûre de rester avec sa meilleure amie ; elle était jour et nuit autour d'elle ; elle s'appliquait à ce qui pouvait lui plaire et la consolait de son mieux. Elle sautait à chaque instant à son col, et la serrant avec de vives étreintes, elle s'écriait avec l'accent de la joie et toute ravie : « Maman !... nous voici donc ensemble ! Je suis donc avec toi ! » Près de sa chère fille, madame de Châteaubriant sentait moins les horreurs de sa nouvelle situation ; et les naïves caresses de Justine répandaient au fond de son âme un baume vivifiant qui la rappelait à la vie. Résolue de prolonger sa pénible existence pour sauver celle de sa petite, elle imagina ce qu'elle put, afin de la distraire et de l'amuser.

De toutes les positions, la plus insupportable est celle du désœuvrement ; de tous les maux, le plus cruel c'est l'ennui. La comtesse remédia à ces deux inconvénients occupant sa fille tantôt à lire tantôt à coudre.

Pour tenter de sauver sa mère, Justine apprend à écrire

Ce qui est une peine pour beaucoup d'enfant, devint un objet d'amusement pour la jeune de Foix. A l'aide d'un alphabet que sa maman lui broda en soie blanche sur un canevas d'étoffe noire, Nicolette, qui jusqu'alors n'avait encore eu aucune notion de ses lettres, retint en quinze jours les grandes et les petites. Bientôt elle les assembla avec la même facilité, et lut passablement dans

Le château de Jean de Laval. Au premier plan, la tour où Françoise de Foix fut, affirme-t-on, assassinée par son mari en 1537

Jean de Laval, comte de Châteaubriant

toute sorte d'écritures en moins de cinq mois.

« Ma bonne amie, dit un jour madame de Châteaubriant à sa fille, à présent que tu sais bien lire, je t'engagerais à apprendre à écrire ; dès que tu le sauras, tu écriras une lettre bien touchante à ton papa. Peut-être le fléchirons-nous ainsi ; et il nous fera sortir de ce tombeau. »

L'exhortation de la mère eut sur Justine un effet très prompt et des plus satisfaisants. Brûlant d'envie de délivrer sa maman de la captivité où elle gémissait, cette sensible enfant s'appliqua de tout son cœur ; elle passait même plusieurs heures de la nuit à former des caractères, et du moment où elle put tracer des mots, elle écrivit sous la dictée une lettre aussi simple que soumise à son papa. L'ayant envoyée tout aussitôt, le comte n'y fit point de réponse. Une seconde lettre suivit immédiatement la première ; puis une troisième, puis plusieurs autres avec aussi peu de succès. Cette tentative sur laquelle la comtesse se fondait particulièrement, ayant été infructueuse, elle comprit le sort qui l'attendait. L'espoir cessa dès lors de luire à son esprit aliéné ; elle se laissa abattre par la plus noire mélancolie, et son abattement passa rapidement d'elle à sa fille.

Après deux ans de captivité, les forces de Justine l'abandonnent

Il y avait déjà vingt-deux mois que Justine était enfermée dans ce tombeau avec sa mère : la privation entière de récréations, le défaut d'air, la mauvaise nourriture, rien n'avait pu détruire encore sa santé. Elle avait conservé jusqu'alors la gaieté et la force jusque dans les fers. Mais quand la petite eut aperçu l'état de langueur de sa mère ; quand elle la vit fondre en pleurs et ne jouir d'aucune espèces de repos, une tristesse profonde s'empara d'elle à son tour ; elle maigrit à vue d'œil : plus de sommeil ; plus d'intérêt pour rien.

Une nuit que Justine-Nicolette était plus accablée que de coutume, elle s'assoupit un peu, et elle eut un songe qui ne présageait que trop la fin tragique de sa maman : il lui sembla voir une troupe de satellites entrer dans la tour ; ils étaient éclairés de flambeaux, et tenaient une épée nue à la main. Le comte de Châteaubriant à leur tête roulait des yeux farouches, et portait un poignard sur le sein de son épouse. A cet aspect, Nicolette se réveilla en sursaut, et s'écria : « Papa... papa, ne fais pas mourir maman ! »

Revenu un peu de cette vision épouvantable, Nicolette se hâta de porter ses mains tour à tour sur le corps et sur la figure de sa mère ; ne la sentant point remuer : « Maman, dit-elle, maman, est-ce que tu es morte ? — Chère enfant ! soit tranquille, répondit la comtesse, je n'ai point de mal ; tâche donc de reposer — Ah ! que je suis contente, continua Justine, ce n'est qu'un rêve ! »

Nicolette tâcha ensuite de s'endormir, mais il ne lui fut pas possible ; elle était trop frappée du songe sinistre. Son cœur était tout resserré de terreur ; à peine pouvait-elle respirer ; une fièvre ardente la dévorait. Elle se leva sur son séant et, poussant des soupirs mêlés de larmes, elle se mit à parler ainsi.

« Que je te dise donc, maman ! — Parle, chère enfant. Je voudrais mourir, moi. — Eh ! Pourquoi ? Tu voudrais donc me quitter ? — Maman, c'est que je ne puis te voir souffrir comme cela : bien vrai, nous serions plus heureuses d'être mortes toutes deux. — Tu as bien raison, reprit madame de Châteaubriant fondant en pleurs... — Maman, poursuivit Justine d'un ton faible, donne-moi la main... Je sens que mon cœur s'en va ; ... baise-moi encore et mourons ensemble. » A ces paroles, la pauvre petite rendit en effet, le dernier soupir sur le sein de sa mère évanouie.

N'ayant plus rien à ménager après une perte si chère, madame de Châteaubriant n'aspira plus dès lors qu'à terminer sa douloureuse carrière. Elle écrivit la lettre suivante à son mari : « Vous qui ne fûtes point ému des larmes de l'innocence, pourriez-vous être sensible à celles du repentir ? Ma fille n'est plus. Venez mettre fin à mon supplice, et réunissez-moi à ma chère enfant. »

Le comte de Châteaubriant n'attendait en effet que la mort de sa fille, pour immoler la mère à son ressentiment. Le lendemain, de grand matin, il monta à la tour avec cinq domestiques armés et deux chirurgiens. Il fit saigner la comtesse des quatre membres. Durant l'horrible appareil, sa femme mourut en réitérant ses adieux aux restes inanimés de sa fille à ses côtés. ■

D'APRÈS...
> *Les enfants célèbres* paru en 1797

Françoise de Foix, comtesse de Châteaubriant, l'une des favorites du roi François Ier

Châteaubriant : ville chargée d'histoire

Les anciens seigneurs de Châteaubriant avaient pour auteur Thibernus, mari d'Enoguent, qui eurent trois fils, dont un nommé Briant qui fit bâtir le château auquel il donna son nom. L'an 1219, Amaury de Craon, sénéchal d'Anjou, s'étant joint à plusieurs seigneurs bretons qui étaient mécontents de Pierre Mauclerc, duc de Bretagne, et voulant profiter de leurs démêlés avec le duc pour s'approprier quelques terres en Bretagne, s'empara de Châteaubriant, y portant dans les environs le meurtre et le ravage. Sitôt que Mauclerc en eût avis, il se réconcilia avec l'évêque de Nantes et plusieurs seigneurs ; il se rendit à Châteaubriant, livra bataille, remporta une victoire complète sur Amaury, le fit prisonnier ainsi que Jean de Montoir, les fit conduire au château de Touffou près de Nantes, et se remit ainsi en possession de Châteaubriant. Ce fut dans cette ville et l'an 1432, que Jean V, duc de Bretagne, après une longue guerre avec le duc d'Alençon et autres seigneurs, fit un traité de paix.

C'est à Châteaubriant que le maréchal de Rieux et plusieurs seigneurs bretons se liguèrent avec la France en 1487, en présence de la comtesse de Laval, contre François II, dernier duc de Bretagne, ce qui occasionna une longue guerre ; mais le seigneur de Rieux et plusieurs seigneurs bretons s'apercevant que le roi de France ne tendait qu'à envahir la Bretagne et à la réunir par la force à la couronne, se raccommodèrent promptement avec le duc. Le maréchal de Rieux se mit à la tête des troupes, mit une garnison dans Ancenis, et s'empara par surprise de Châteaubriant où étaient enfermés les seigneurs ligués contre le duc, et où il établit aussi une garnison.

Le roi de France ayant appris ce revers, partit de Paris, assembla une armée à Tours, la fit marcher droit à Châteaubriant, sous la conduite du seigneur de la Trémouille ; elle y arriva le 15 avril 1488, on investit la place. Les assiégés firent plusieurs sorties mais accablés par le nombre, ils furent obligés de se renfermer dans le château. L'armée française investit la ville et le château, établit ses batteries et foudroya les murs ; il y eut bientôt une brèche considérable où il y eut plusieurs assauts, et il s'y fit de part et d'autre des actions héroïques. Les assiégés harcelés et à découvert, ne voyant personne venir à leur secours, furent obligés de capituler et de se rendre au roi, le 23 avril. Le roi fit abattre et démolir le château, ainsi que les tours et la plupart des murs.

Cette ville est célèbre par les aventures de la comtesse de Châteaubriant, maîtresse de François Ier, qui venant en Bretagne en 1532, y fit avec la comtesse un fort long séjour, lui fit beaucoup de présents et de dons viagers assez considérables assis sur plusieurs terres, et qu'il continua à son mari après la mort de la comtesse ; ce qui pourrait servir à détruire les soupçons d'une mort précipitée, occasionnée par la jalousie du mari, qui, suivant quelques auteurs, la fit périr secrètement en lui faisant ouvrir les veines. ■

D'APRÈS... *Le Magasin pittoresque* paru en 1879

Mode/Costume — XVIe **XVIIe XVIIIe** XIXe

Si la France m'était contée…

POUPÉES d'albâtre, poupées **choyées et privilégiées** par le monde de la MODE

Pour se prévenir de toute excentricité et de toute extravagance inopportune en matière de modes, on avait coutume, aux XVIIe et XVIIIe siècles, de recourir à des poupées faisant office de modèles. Exportées vers l'Europe entière depuis la France, les dames anglaises, italiennes ou encore autrichiennes en étant particulièrement friandes, ces poupées étaient seules admises à franchir les frontières en temps de guerre : c'est dire l'immense respect qu'on leur accordait !

La *maquette* que représente notre gravure se compose d'une carte assez forte, découpée, et dont la tête, les mains et les pieds sont peints à l'huile, alors que tout le corps est habillé d'étoffes cousues avec soin et ornées de tulles et de dentelles. C'est un des rares spécimens parvenus jusqu'à nous de ces poupées et maquettes chargées, au dix-septième et pendant la plus grande partie du dix-huitième siècle, d'aller porter aux dames élégantes de la province, et même de l'étranger, les modes inventées à Paris.

Des poupées pour refréner les excentricités

Les témoignages à ce sujet ne manquent pas ; il est souvent question, dans les auteurs du temps, de ces poupées, qui remplissaient alors l'office des journaux de modes si nombreux et si répandus aujourd'hui, et avaient aussi pour but de refréner les excentricités ridicules que se permettaient trop souvent quelques personnes jalouses de se faire remarquer par l'étrangeté et la hardiesse de leur habillement.

Furetière, dans son *Roman bourgeois*, qui donne sur les mœurs du dix-septième siècle de si curieux détails, raille très finement les excessives fantaisies de la mode, en même temps qu'il signale, le premier, les poupées dont nous parlons. « Il y auroit enfin, fait-il proposer par un des personnages de son *Roman*, des correcteurs de Modes, c'est-à-dire de bons prud'hommes qui mettroient des bornes aux extravagances et qui empêcheroient, par exemple, que les formes des chapeaux ne devinssent hautes comme des pots à beurre, ou plattes comme des calles : chose qui est fort à craindre, lorsque chacun les veut hausser ou applattir à l'envi de son compagnon, durant le flux et reflux de la mode des chapeaux. Ils auroient soin aussi de procurer la réformation des habits, et les décris nécessaires, comme celui des rubans, lorsque les Garnitures croissent tellement, qu'il semble qu'elles soient montées en graine. Enfin, il y auroit un Greffe ou un Bureau établi, avec un Estalon et toutes sortes de mesures, pour régler les différences qui se formeroient dans cette juridiction ; avec une figure vêtue selon la dernière Mode, *comme ces Poupées qu'on envoye à ce dessein dans les provinces*. Tous les tailleurs seroient obligez de recourir à ces modelles, comme les appareilleurs vont prendre les mesures sur les plans des édifices qu'on leur donne à faire. »

Ainsi que nous l'avons dit, ces poupées étaient expédiées à l'étranger. Le président de Brosses, dans ses *Lettres familières écrites d'Italie*, dit, en parlant des dames de Bologne : « On leur envoie journellement de grandes poupées vêtues de pied en cap à la dernière mode, et elles ne portent point de babioles qu'elles ne les fassent venir de Paris » ; et Risbeck, dans son *Voyage en Allemagne et en Hollande*, mentionne également une grande poupée de modes qu'il avait vue à Vienne. Les dames anglaises avaient même obtenu une certaine immunité pour la poupée, que l'on envoyait de Paris à Londres, et qui, en temps de guerre, pouvait librement passer et repasser le détroit : « on assure, dit l'auteur des *Souvenirs d'un homme du monde*, que pendant la guerre la plus sanglante entre la France et l'Angleterre, du temps d'Addison qui en fait la remarque, ainsi que M. l'abbé Prévost, par une galanterie qui n'est point indigne de tenir une place dans l'histoire, les ministres des deux cours de Versailles et de Saint-James accordoient, en faveur des dames, un passeport inviolable à la grande poupée, qui étoit une figure d'albâtre de trois ou quatre pieds de hauteur, vêtue et coiffée suivant

**Modèle de modes (fin du XVIIe siècle).
Poupée en carte peinte et habillée**

les modes les plus récentes, pour servir de modèles aux dames du pays. Au milieu des hostilités furieuses qui s'exerçoient de part et d'autre, cette poupée étoit la seule chose qui fût respectée par les armes. »

La maquette dont nous donnons la gravure, haute de quarante centimètres seulement, n'avait pas l'importance de cette grande « figure d'albâtre » et le rôle qu'elle était appelée à remplir était certainement plus modeste ; néanmoins, elle est habillée avec assez de soin pour que tous les détails de son ajustement soient parfaitement indiqués. Cet ajustement, du reste, à en juger par le peu de longueur de la jupe, paraît convenir à une danseuse plutôt qu'à une dame du monde, et peut-être faut-il voir là une maquette destinée à servir de modèle pour un costume de ballet. Il se peut cependant que la jupe n'ait été écourtée qu'afin de laisser voir les détails des chaussures qui devaient être indiqués après coup sur les pieds laissés nus à dessein. L'original que nous reproduisons porte encore les marques, à peu près entièrement effacées, de l'indication, peinte en or, de chaussures qui montaient assez haut au-dessus de la cheville, et sur une autre maquette, identique comme forme et comme peinture, mais portant un autre habillement, nous avons pu voir des bottines entièrement peintes et sous lesquelles disparaissaient à peu près les pieds ; il est donc probable que ces sortes de cartes peintes étaient préparées à l'avance et qu'on les habillait suivant les demandes, soit pour la ville, soit pour le théâtre.

L'usage de ces poupées et maquettes dut subsister pendant assez longtemps, puisque le *Courrier de la Nouveauté, feuille hebdomadaire à l'usage des dames,* qui est considéré comme le premier journal de modes, ne parut qu'en 1758. La France avait été précédée en cela par l'Angleterre, et dès 1733 le *Ladies Journal* était publié à Londres. Ajoutons cependant que sous Louis XIV on éditait des gravures appelées les *Saisons*, « personnifiées, dit Édouard Fournier, dans une jolie femme qui paraissait revêtue des atours que toute dame de la *fashion* du temps devait porter pendant la durée de la saison, depuis la coiffure jusqu'à la chaussure, depuis la chaussure jusqu'aux gants. » ∎

D'APRÈS...
> **Le Magasin pittoresque** paru en 1884

La mode des montres-bijoux initiée par un horloger du roi

Caron de Beaumarchais, dont le père fut un des plus habiles horlogers de Paris, est, dit-on, le premier qui ait imaginé de construire des montres de dimensions assez petites pour être dissimulées dans des bijoux. Il était alors horloger du roi, titre qu'il obtint en 1755, grâce à la notoriété que lui donnèrent l'invention d'un nouvel échappement pour les montres et surtout l'événement dont cette invention fut la cause. On raconte, en effet, que le célèbre horloger Lepaute, auquel Beaumarchais avait parlé de son perfectionnement, essaya de se l'approprier, espérant avoir raison d'un adolescent obscur (né à Paris le 24 janvier 1732, Caron de Beaumarchais n'avait alors que vingt ans). Mais celui-ci, loin de se laisser intimider, intenta un procès à Lepaute et obtint gain de cause devant l'Académie des sciences.

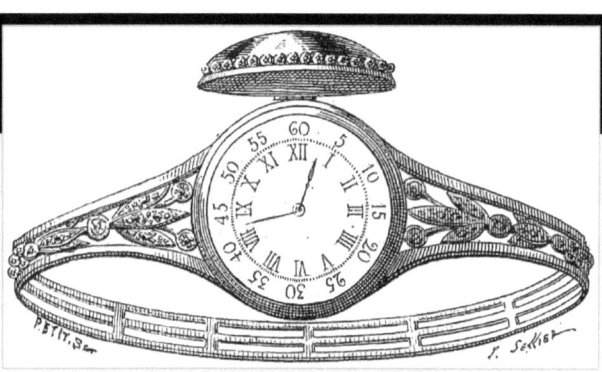

Les montres-bijoux, imaginées par Beaumarchais, ne différaient des montres ordinaires que par la petitesse de leurs rouages. Il était donc possible à tout horloger habile d'en exécuter de semblables, à la condition qu'il fût doué d'une grande patience. Le premier bijou de ce genre qu'ait fait Beaumarchais fut une bague dont le chaton renfermait une très petite montre entourée de brillants, et qu'il offrit à la marquise de Pompadour. Bien que très originale, la mode de ces montres ne commença à se répandre que le jour où l'on découvrit le moyen de donner à leurs organes, adroitement dissimulés, des dimensions telles qu'il fût possible de les faire fonctionner régulièrement. Jusque-là ces montres se dérangeaient sans cesse et n'étaient, à vrai dire, que de simples objets de curiosité. Pour en rendre l'usage pratique, un horloger de la fin du dix-huitième siècle imagina de donner à la cuvette de chaque montre la forme même du bijou qui devait la contenir, et d'accroître ainsi les dimensions de ses rouages.

Les montres microscopiques que l'on fabriquait sous le règne de Louis XVI étaient loin d'avoir la précision et l'élégance qu'elles ont aujourd'hui. M. G. Sandoz s'est particulièrement attaché à en perfectionner la fabrication. L'idée de faire de ces bijoux de véritables œuvres d'art lui a été suggérée par une croix dans laquelle est une montre dont le cadran se trouve au point d'entrecroisement des bras. Cette croix, qui a appartenu à la supérieure d'un couvent, date de la fin du règne de Louis XVI. Parmi les bijoux de ce genre que l'on a eu l'obligeance de mettre à notre disposition se trouve un bracelet dont le fermoir, surmonté d'un grenat entouré de roses, contient une petite montre à remontoir. Le cadran mesure à peine un centimètre et demi de diamètre ; quant à son mécanisme, il est caché dans la tête du bracelet. Nous avons vu aussi un carquois, et un scarabée aux ailes ornées de diamants et de rubis,

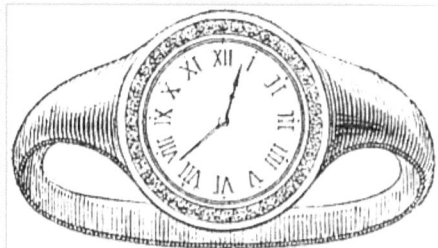

qui laissent voir, lorsqu'on les ouvre, le cadran d'un chronomètre microscopique. Mais ce qui a surtout attiré notre attention, c'est une montre-cachet dont tous les rouages sont superposés les uns aux autres et qu'on remonte en tournant simplement le porte-verre. Citons aussi une bague en diamants dans le chaton de laquelle est une montre dont le cadran n'a pas plus de 8 millimètres de diamètre ; ici encore, c'est l'entourage du verre qui tient lieu de remontoir. Enfin, on nous a confié une croix dans les bras de laquelle, comme l'indique la figure ci-jointe, ont été adroitement dissimulés les rouages d'un mouvement d'horlogerie. ∎

D'APRÈS... **Le Magasin pittoresque** paru en 1834

Mœurs/Coutumes — XVIIᵉ

Joutes sur l'eau et cruel jeu de L'OYSON

En 1682, de grandes fêtes eurent lieu à l'occasion de la naissance du duc de Bourgogne, et, parmi les divertissements dont on régala les Parisiens, on remarqua surtout le feu d'artifice et les « joutes sur l'eau avec le jeu de l'oyson », que l'on a décrit ainsi :

« On voyait paraître sur la Seine, d'abord plusieurs petites barques montées par des hommes vêtus d'une simple toile mince sur leur corps nu. Après avoir débuté par un jeu où l'on tâchait de se faire tomber dans la rivière avec de longues perches, ceux qui devaient prendre part au tir de l'arc montaient dans un bateau fixé en pleine Seine. Près de la poupe passait un câble, tendu d'une rive à l'autre, à l'aide d'une machine qui permettait de le serrer ou de le détendre instantanément, et au milieu de ce câble, un peu au-dessus du bateau, une oie vive était suspendue par le pied. Chacun des combattants se précipitait sur la bête, et s'efforçait de lui arracher la tête à belles dents. Mais on lâchait le câble, ce qui, aux risées des spectateurs, les faisait tomber en foule dans l'eau, où ils étaient recueillis par les barques. Le vainqueur emportait l'oie en triomphe. »

Chaque combattant s'efforce d'arracher la tête de la bête à belles dents

L'usage des joutes sur l'eau remonte à la deuxième moitié du seizième siècle. Pierre de l'Etoile rapporte, en ses *Mémoires-Journaux*, que le cardinal de Bourbon fit construire à l'intention du roi une sorte de char flottant qui devait être tiré par des embarcations en forme de « chevaux marins, tritons, baleines, sirènes, saumons, dauphins et autres monstres marins jusques au nombre de vingt-quatre. » Dans le corps de ces animaux de fantaisie on avait installé des clairons, des trompettes, des hautbois, des cornets, des violons et « autres musiciens d'excellence. » Mais « le mystère ne fut pas bien joué, et ne put-on faire marcher les animaux, ainsi qu'on avoit projeté, de façon que le roi, ayant aux Tuileries, depuis quatre heures jusques à sept heures du soir, attendu le mouvement et acheminement des animaux aquatiques sans en voir aucun effet, dépité et marri, dit qu'il voyoit bien que c'étoient des bestes qui commandoient à d'autres bestes. »

Le mardi 25 août 1682, vers quatre heures de l'après-midi, les maîtres passeurs du port Saint-Nicolas et de la Grenouillère, accompagnés de quelques débardeurs, richement habillés et drapeau blanc en tête, furent hissés sur un échafaudage porté par un radeau, lequel se mit à passer et à repasser à force de rames sous la corde qui soutenait l'*oyson*. « Ceux qui vouloient avoir la gloire d'en arracher quelque pièce, dit le *Mercure galant*, demeuroient suspendus à cette corde pendant que l'échafaud continuoit de voguer. On lâchoit aussitôt une espèce de moulinet qui, les faisant tomber rudement dans l'eau, les obligeoit fort souvent à lâcher prise, parce que, par le moyen de ce moulinet, on les relevoit avec une vitesse qui leur faisoit perdre leurs mesures, ce qui étoit toujours continué jusqu'à ce qu'ils eussent abandonné la corde.

Joute et jeu de l'Oyson sur la Seine (25 août 1682)

Tant de sauts, joints à l'eau qui les aveugloit, les empêchoit de se bien tenir à la corde et à l'oyson. Quelquefois, ils s'attachoient deux ensemble, et ils donnoient alors bien plus de plaisir aux spectateurs. La présence de Monseigneur le Dauphin les excita tellement que ce jeu dura beaucoup moins que de coutume. Deux emportèrent des pièces de l'oye, et le troisième eut le corps ; et comme c'est le morceau auquel le triomphe est attaché, le combat cessa, et tous ceux qui étoient sur l'échafaud se jetèrent dans l'eau la tête la première, comme s'ils eussent voulu se cacher de honte. » ■

D'APRÈS...
> *Le Magasin pittoresque* paru en 1886

La France pittoresque

Mœurs/Coutumes

Un MARIAGE en Sologne

On a le singulier usage, dans la Sologne, de piquer le marié et la mariée jusqu'au sang, pendant la célébration de la messe, pour s'assurer, d'après le plus ou moins de sensibilité qu'ils témoignent en cette circonstance, quel sera des deux le plus jaloux. L'époux ne laisse pas sa femme passer elle-même l'anneau de mariage à son doigt : c'est lui qui se charge de cette opération, et il a le plus grand soin de l'enfoncer jusqu'à la troisième phalange ; car s'il en était autrement, sa moitié serait la maîtresse au logis. Durant la cérémonie, les deux époux tiennent chacun un cierge allumé, et celui des deux dont le cierge coule le plus vite est aussi celui qui doit mourir le premier.

Le premier jour des noces, après le repas, une commission de cinq paysannes se charge de faire la quête. La première, vêtue de ses plus beaux habits, et tenant à la main une quenouille et un fuseau, les présente à chacun, en chantant le refrain suivant :

L'épousée a bien quenouille et fuseau,
Mais de chanvre, hélas ! pas un écheveau,
Pourra-t-elle donc filer son trousseau ?

La deuxième quêteuse reçoit les offrandes dans le gobelet de la mariée ; la troisième verse à boire à ceux qui ont donné ; la quatrième essuie la bouche du buveur avec une serviette ; et la cinquième, qu'on choisit la plus jolie pour remplir son ministère, embrasse en signe de remerciement. Les noces se terminent par la cérémonie que voici. On place un pot de grès au bout d'une perche, et chacun des convives, armé d'un bâton et les yeux bandés, s'avance successivement vers le but, qu'il doit briser d'un seul coup. Le vainqueur a le droit d'embrasser la mariée ; mais s'il n'y réussit pas assez vite, on le dédommage en le plaçant sur un trône de feuillage, où on lui verse à boire et où chacun vient trinquer avec lui. Il est ainsi condamné à boire, jusqu'à ce qu'il ait touché d'une certaine manière le verre d'un autre convive, qui vient alors le remplacer, et qui ensuite est remplacé à son tour. Le premier dimanche après les noces, le sacristain de la paroisse apporte une quenouille à la mariée, qui l'entoure de lin filé, et l'on en fait offrande à l'église.

Dans la commune de Fallais, pays de Mauges, Maine-et-Loire, le lendemain d'une noce, on prend, dès le matin, la meilleure charrette de la métairie à laquelle on attèle tous les bœufs qui se trouvent dans l'étable. Toute la compagnie suit cet équipage, que l'on mène dans un champ de choux verts. Là, on fait choix du plus beau, puis on ouvre une tranchée circulaire à une certaine distance et l'on approche du pied peu à peu, avec un grand air de travail et de peine. Lorsque le chou est déchaussé, chaque homme de la noce essaie de l'arracher avec des efforts simulés, et, bien entendu, n'en peut venir à bout. Cet honneur est réservé au marié, qui n'en gesticule pas moins pour prouver le mal qu'il a à lui-même à remporter cette victoire. Enfin, on s'arme de leviers, de cordes, de tout l'attirail qui serait nécessaire pour remuer un chêne de sept ou huit siècles d'existence ; et l'on place le chou sur la charrette, pour la porter en triomphant au logis, où les femmes s'en emparent au profit de la marmite, ce qu'elles font avec des démonstrations non moins brûlantes que celles des hommes. ■

Paru en 1846

Les CRIEURS des morts

Voici, d'après un tableau du dix-septième siècle, l'image fidèle d'un crieur des morts. Tout vêtu de noir et d'une dalmatique blanche où étaient brodés des crânes, des os, des larmes ; coiffé d'un large chapeau, les cheveux longs et pendants, le crieur s'en allait par les rues, par les carrefours, annoncer au son d'une clochette, la nuit autant que le jour, les décès et les heures d'enterrement.

Ces annonces étaient prononcées d'un ton sinistre et semblaient commander plutôt que demander des prières pour les défunts. C'était, dit Jean Nicot dans le *Trésor de la langue française*, presque une publique semonce ; un poète, Jean Claveret, dit :

...Le clocheteur réveille,
Et d'un lugubre son recommande à prier
Pour l'âme de Paul Tron, lui vivant écuyer.

Le poète Saint-Amant, trop ridiculisé peut-être par Boileau, fait la satire des crieurs des morts et prend parti pour les bourgeois qui en sont importunés :

Le clocheteur des trespassez,
Sonnant de rue en rue,
De frayeur rend leurs cœurs glacez
Bien que leur corps en sue.
Et mille chiens, oyans sa triste vois,
Luy répondent à longs abois.

Lors de l'enterrement, le crieur marchait derrière les cercueils en agitant sa sonnette ; il portait sur sa dalmatique, devant et derrière, si le défunt était noble, un carton où étaient peintes ses armoiries.

Cet usage n'avait pas encore cessé en 1690, et Langlois, l'auteur de l'essai sur « les Danses des morts » dit que, même en 1850, il existait des crieurs des trépassés dans quelques-unes de nos provinces. ■

Un Crieur des morts

D'APRÈS... *Le Magasin pittoresque* paru en 1887

Légendes/Insolite — XIVᵉ XVᵉ **XVIᵉ** XVIIᵉ

L'efficace et redoutable POIRE d'angoisse : instrument diabolique

D'après l'auteur d'un livre du seizième siècle intitulé *l'Inventaire général de l'histoire des larrons*, l'invention de la poire d'angoisse devrait être attribuée à un voleur nommé Palioli, né dans les environs de Toulouse.

Dans les *Histoires* de d'Aubigné, dont l'autorité est plus sûre, mais d'une date postérieure, on peut lire un passage qui reporterait le triste honneur de la même invention à un chef de bande ou capitaine exerçant une profession peu éloignée de celles des larrons, bien qu'elle ne puisse pas être confondue avec elles, si l'on considère les mœurs du temps.

Voici ce passage, extrait du chapitre XV du livre III :

« Il y avait en ce pays (Villefranche-sur-Meuse) un capitaine Gaucher, grand coureur, hasardeux en ses courses, et qui, n'ayant pas été propre à s'avancer en honneur par le vrai métier du soldat, s'était rendu plus redouté et renommé qu'honoré, par les prises hasardeuses qu'il faisait : ce notable chef de bandes avait une invention que j'ai estimé devoir être décrite, pour faire voir comment ce siècle (le seizième), remarquable par les valeurs qu'il a produites, l'est aussi par les diaboliques inventions que ces courages de fer ont mises en usage.

La machine diabolique emplissait la bouche

« Pour ce que ce galant se trouvait parfois surchargé de prisonniers, qui le contraignaient de retourner au logis premier que d'avoir mis fin à son projet, il inventa une sorte de cadenas, faits en forme de poire, aussi les appe-

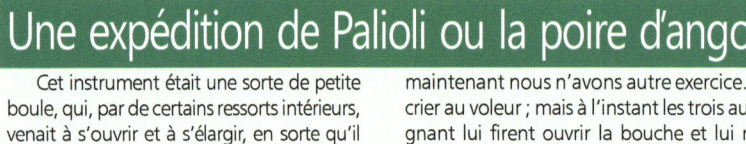

Une expédition de Palioli ou la poire d'angoisse en action

Cet instrument était une sorte de petite boule, qui, par de certains ressorts intérieurs, venait à s'ouvrir et à s'élargir, en sorte qu'il n'y avait moyen de la refermer ni de la remettre en son premier état qu'à l'aide d'une clef, faite expressément pour ce sujet.

Le premier qui éprouva cette maudite et abominable invention, ce fut un gros bourgeois riche et opulent des environs de la place Royale, nommé Eridas. Un jour où il était seul en sa maison avec son homme de chambre et son laquais, Palioli vint frapper à sa porte, accompagné de trois autres vauriens comme lui. Le laquais, croyant que ce fussent quelques gentilshommes, alla avertir son maître, qui était encore dans le lit, et les fit entrer dans la salle ; comme ils restèrent là quelque temps, ils se conseillèrent par ensemble ce qu'ils devaient pratiquer en ceci. Les uns voulaient tuer le bourgeois, les autres non. Sur cette contestation Eridas arrive et leur demande ce qui leur plaisait ; Palioli le prend par la main, et le tire à quartier avec ces mots enflés de blasphème et jurement étranges : « Monsieur, il faut nécessairement que je vous tue, ou que vous nous donniez ce que nous vous demandons : nous sommes pauvres soldats, qui sont contraints de vivre de cette façon, puisque maintenant nous n'avons autre exercice. » Le bourgeois surpris pensa crier au voleur ; mais à l'instant les trois autres accoururent, et, l'empoignant lui firent ouvrir la bouche et lui mirent leur poire d'angoisse dedans, qui en même temps s'ouvrit et se délâcha, faisant devenir le pauvre homme comme une statue béante et ouvrant la bouche sans pouvoir crier ni parler que par les yeux.

Ce fut alors que Palioli prit les clefs de sa pochette et ouvrit un cabinet où il prit deux sacs de pistoles ; ce qu'ayant fait à la vue même du bourgeois, Dieu sait quelle angoisse Eridas eut, et quelle tristesse de voir ainsi emporter son bien sans pouvoir sonner mot, outre que l'instrument lui causait une grandissime douleur ; car plus il tâchait à le retirer et l'ôter de sa bouche, plus il l'élargissait et l'ouvrait, en sorte qu'il n'avait à faire autre chose que prier de signes lesdits voleurs de lui ôter ce qu'il avait en la bouche ; mais, lui ayant rendu les clefs de son cabinet, ils s'en allèrent avec son argent. Eridas, les voyant dehors, commença à aller quérir ses voisins, et leur montra par gestes qu'on l'avait volé ; il fit venir des serruriers qui tâchèrent à limer ladite poire d'angoisse, mais plus ils limaient et plus elle lui faisait de tourments ; car même en dehors il y avait des pointes qui lui entraient dans la chair. Il demeura dans cet état jusqu'au lendemain.

Or comme la cruauté ne loge pas toujours dans un esprit, un des quatre voleurs persuada ses compagnons qu'il ne fallait pas être cause de la mort d'Eridas. Ce dernier reçut la bienheureuse clef et une lettre ainsi conçue : « Monsieur, je ne vous ai point voulu maltraiter, ni être cause de votre mort. Voici la clef de l'instrument qui est dans votre bouche, elle vous délivrera de ce mauvais fruit. Je sais bien que cela vous aura donné un peu de peine, je ne laisse pas pourtant d'être votre serviteur. » ■

D'APRÈS... L'Inventaire des larrons paru en 1887

Poire d'angoisse

lait-il poires d'angoisse ; il faisait ouvrir les dents à ses prisonniers, et leur ayant fait retirer sous le palais cette machine avant retirer une clef qui était dedans, il en faisait un tour qui grossissait le morceau d'un travers de doigt, et par ainsi ne pouvaient plus sortir de la bouche que par l'aide de la même clef ; cela fait, il disait au prisonnier : — Allez vous rendre en tel lieu, ou bien vous résolvez de mourir de faim.

Ces misérables n'étaient point seulement contraints d'aller passer le guichet où il leur était commandé, mais de prier Dieu pour la santé et pour l'heureux retour de leur maître, qui en se perdant, et la clef avec soi, perdait aussi sans remède ceux qui l'attendaient au logis. »

A l'instar des larrons, la police adopte l'invention

Quel que soit le véritable inventeur de ce diabolique instrument, on peut croire que d'autres que Palioli ou Gaucher en firent usage.

Poire d'angoisse

Pour les voleurs, ce n'était qu'une sorte de bâillon qui les assurait du silence de leurs victimes mieux qu'un mouchoir, une corde ou un bâton. Il paraît aussi que la police elle-même trouva l'idée utile et la fit servir à son tour pour rendre les malfaiteurs dociles à ses ordres ou les réduire au silence. La poire d'angoisse que l'on voit dans la précieuse collection de M. Sauvageot est couverte extérieurement de ciselures assez élégantes pour qu'on ne puisse pas supposer facilement qu'elle ait été fabriquée par l'ordre de larrons vulgaires. ■

D'APRÈS...
> *Le Magasin pittoresque* paru en 1857

Cadeaux-réclame

Les grands magasins du Louvre, du Bon Marché, etc. font la joie des enfants de leur clientèle, même de la clientèle de passage, en leur distribuant des ballons de baudruche que les bébés laissent voleter au bout d'une ficelle, et qu'ils promènent dans la foule, sur les trottoirs, non sans quelque ennui pour les passants. La plupart des autres magasins gratifient leurs acheteurs de chromo-lithographies dont quelques-unes, très joliment dessinées, prennent dans les albums spéciaux, une place d'honneur.

Mais s'ils ont le mérite d'une aimable libéralité, ils n'ont pas celui de l'avoir imaginée les premiers. En janvier 1840, date précise, les magasins du Petit Saint-Thomas, rue du Bac, avaient eu l'idée de donner aux enfants de leurs acheteurs de petites médailles-réclames en cuivre, de forme hexagonale dont voici la reproduction exacte. Le présent était modeste, assurément, et d'une naïveté charmante ; mais c'était nouveau ; et les enfants se sentaient heureux et flattés de recevoir une belle médaille brillante comme de l'or. La personne qui nous a remis ce petit document de l'histoire commerciale, se souvient encore de la surprise joyeuse qu'elle ressentit, ainsi que son petit frère également gratifié, lorsque, à la caisse, un commis élégant leur remit ces jetons étincelants de l'éclat du cuivre neuf. Elle conserva son jeton en souvenir d'un temps où la jeunesse était facile à contenter. ■ D'APRÈS... *Le Magasin pittoresque* paru en 1898

Légendes/Insolite

La légende du roi des Francs Childéric Ier

Une des légendes ayant trait à Childéric, roi des Francs Saliens entre 457 et 481, est celle liée à son mariage : sur la foi de sa réputation de bravoure et de valeur, une reine étrangère, une reine de Thuringe vient lui faire l'offre de sa main. Il l'accepte avec joie, et elle devient la mère de Clovis.

A ce récit, qui prit sa forme dernière vers le milieu du VIe siècle, s'ajouta, vers la fin du règne de Brunehaut (vers 613), l'épisode de la vision nuptiale de Childéric. La voici d'après Frédégaire :

La première nuit de leurs noces, Basine dit à Childéric : « Cette nuit, nous nous abstiendrons de relations conjugales. Lève-toi en secret, et viens redire à ta servante ce que tu auras vu devant la porte du palais. » Childéric, s'étant levé, vit comme des lions, des rhinocéros et des léopards qui cheminaient dans les ténèbres. Il revint et raconta sa vision à sa femme.

« Retourne voir encore, seigneur, lui dit-elle, et viens redire à ta servante ce que tu auras vu. » Childéric obéit, et cette fois il vit circuler des bêtes comme des ours et des loups. Une troisième fois, Basine le renvoya avec le même message. Cette fois, Childéric vit des bêtes de petite taille comme des chiens et autres animaux de ce genre, qui se roulaient et s'entre-déchiraient. Il raconta tout cela à Basine, et les deux époux achevèrent la nuit dans la continence.

Childéric Ier

Lorsqu'ils se levèrent le lendemain, Basine dit à son époux : « Ce que tu as vu représente des choses réelles, et en voici la signification. Il naîtra de nous un fils qui aura le courage et la force du lion. Ses fils sont représentés par le léopard et le rhinocéros ; ils auront eux-mêmes des fils qui, par la vigueur et par l'avidité, rappelleront les ours et les loups. Ceux que tu as vus en troisième lieu sont les colonnes de ce royaume : ils règneront comme des chiens sur des animaux inférieurs, et ils auront un courage en proportion. Les bêtes de petite taille que tu as vues en grand nombre se déchirer et se rouler représentent les peuples qui, ne craignant plus leurs rois, se détruisent mutuellement. »

Le lion est le fils du mariage de Basine avec Childéric : il s'agit donc de Clovis. Le léopard et le rhinocéros représentent les fils de Clovis. Les ours et les loups représentent la génération issue de ces princes : ce sont donc, tout particulièrement, outre Théodebert fils de Théodoric Ier, les quatre fils de Clotaire Ier (Charibert, Chilpéric, Sigebert et Gonthran). Enfin, les chiens représentent les fils de ces derniers, et notamment Childebert II, fils de Sigebert, et Clotaire II, fils de Chilpéric, les seuls qui aient régné.

La prophétie ne va pas au-delà, si ce n'est pour acter l'anarchie et le désordre qui succèdent à *ces colonnes* du royaume. ■

D'APRÈS... *Histoire poétique des Mérovingiens* paru en 1893

Personnages — XVIIe

LA VOISIN : empoisonneuse et sorcière brûlée vive en 1680

Catherine Deshayes, veuve Monvoisin, connue plus tard sous l'abréviatif de Voisin et de la Voisin, était originaire de la province de Champagne. Elle épousa, à l'âge de vingt-quatre ans un sieur Monvoisin, qui se disait gentilhomme, et qui occupait une place peu lucrative dans les fermes générales. Elle-même exerçait la profession de sage-femme. La promotion de son mari à un poste lucratif lui permit, pendant quelques mois, de satisfaire ses goûts pour la grande existence ; mais, le pauvre homme mourut et sa veuve se trouva en présence de dettes relativement considérables.

La Voisin fait ses premières armes : un succès sans conteste

Dans ces circonstances fâcheuses, le hasard voulut qu'une femme nommée Vigoureux, dont le mari avait été porte-clefs du château royal de la Bastille, vînt loger dans la maison qu'habitait madame Monvoisin. Ces deux femmes, veuves toutes les deux, ne tardèrent pas à se lier ensemble par une affection très étroite où la vertu n'avait rien à voir ; partageant les mêmes goûts, elles mirent en commun leur indigence, leurs projets et leur sort.

Le mari de la Vigoureux avait eu des rapports journaliers avec l'empoisonneur Exili à la Bastille. Selon même toute apparence, ce porte-clefs avait été le confident et l'émissaire du scélérat italien. Celui-ci, pour reconnaître les complaisances d'un homme qui lui était si utile pour correspondre avec ses amis du dehors, lui avait donné la recette de certains breuvages qui se payaient au poids de l'or. Le porte-clefs n'avait pas manqué de communiquer ces grimoires à sa femme. Devenue veuve, la Vigoureux retrouva ces papiers, et les montra à madame Monvoisin : « Nous sommes sauvées, dit-elle à la Vigoureux ; nous serons riches, honorées, protégées, ou le diable y perdra son latin et moi aussi. »

Aussitôt, les deux mégères se mettent à l'œuvre, et composent des philtres, des sirops, des élixirs, dont les uns donnaient l'amour, dont les autres donnaient la mort. Sous le titre de poudre de *sympathie* ou de *succession*, elles inventent une mixtion des poisons les plus actifs ou les plus lents, selon les empressements ou les calculs des héritiers et des futures veuves qui viendront les consulter. Elles joignent à cette industrie les arcanes de la science des augures : la Vigoureux se charge de prédire l'avenir, de tirer des horoscopes, de découvrir les trésors cachés, de prophétiser les prompts veuvages ; de retrouver les objets perdus, d'apaiser les querelles amoureuses. La Monvoisin, dont les oracles sont cotés à un plus haut prix, donne les consultations, indique des secrets infaillibles pour conserver la vigueur des hommes et les attraits des femmes ; dicte des moyens sûrs pour reconquérir une virginité perdue ou faire cesser une stérilité honteuse ; débite des sachets constellés pour rendre invulnérables les hommes d'épée, et de l'eau de Jouvence pour perpétuer la beauté des femmes. Aux branches multiples de ce commerce, madame Monvoisin, que nous appellerons désormais, comme les gens de cour, la *Voisin*, joignait encore, par-ci par-là, quelques petits avortements, qu'elle pratiquait avec une rare dextérité en sa qualité de sage-femme, et qu'elle faisait payer des sommes fabuleuses. Enfin, tandis que la Vigoureux accapare le Tiers-État, la Voisin se rend nécessaire aux vices aristocratiques. Les deux amies réalisèrent, en moins de trois années plus de 20 000 écus.

La Voisin

La Voisin commerce avec des personnes influentes de la cour

La Voisin loua un vaste et bel hôtel dans la rue Saint-Louis au Marais, le quartier alors le plus à la mode de Paris ; elle acheta des chevaux, une voiture, des meubles magni-fiques ; elle eut un suisse à sa porte, des laquais dans ses antichambres, un excellent cuisinier et des femmes pour la servir. Son salon fut ouvert aux artistes et aux beaux esprits. La première année que la Voisin passa dans son hôtel fut improductive ; la désertion de ses clients semblait être générale.

Mais elle ne se morfondit pas longtemps. Les pigeons revinrent au colombier avec plus de ferveur que jamais, et quels pigeons ! Des personnages, plus illustres par leur naissance, leurs fonctions, leurs richesses et leur crédit. La position de la Voisin parut alors affermie pour toujours : les services qu'elle rendait aux femmes les plus qualifiées, aux hommes les plus influents dans les affaires et à la cour, paraissaient lui garantir une impunité sans bornes.

La mort foudroyante d'un riche marchand drapier, célibataire et n'ayant que deux neveux dissipateurs pour héritiers, excita les rumeurs du peuple. Les inquiétudes générales augmentèrent, et la police se mit en mouvement. Les deux neveux soupçonnés furent arrêtés et avouèrent qu'ils avaient empoisonné leur oncle. Pressés de questions, ils déclarèrent qu'ils avaient acheté le poison dans l'officine de l'hôtel de la Voisin. En 1679, elle fut immédiatement arrêtée à son tour et enfermée à la Bastille.

De l'opulence à la décadence

Ses *petits* complices, au nombre de plus de quarante personnes, ne tardèrent pas à être écroués également à la Bastille. La Voisin, après avoir dénoncé une infinité de personnes de la plus haute distinction, comme ayant eu recours à ses philtres homicides, fut condamnée comme sorcière et empoisonneuse au supplice du feu. Ses complices subirent des peines plus ou moins graves, depuis la pendaison jusqu'aux galères, depuis le pilori jusqu'à la simple amende.

S'il faut s'en rapporter à madame de Sévigné, la Voisin s'abandonna pendant la nuit qui précéda son supplice à tous les excès d'une intempérance crapuleuse. Elle voulut faire *médianoche* avec ses gardes, but outre mesure et ne cessa de chanter des chansons grivoises

Racine a-t-il empoisonné sa maîtresse avec l'aide de La Voisin ?

Racine a-t-il été complice de la Voisin ? L'empoisonneuse l'a compromis au cours de son procès, se faisant l'écho de propos qu'auraient tenus Madame de Gorle, belle-mère de la maîtresse de Racine, la Du Parc... D'où cette fâcheuse rumeur consignée dans les archives de la Bastille, lors d'un interrogatoire de la Voisin, le 21 novembre 1679...

— Qui lui avait donné la connaissance de la Du Parc, comédienne ?

— Elle l'a connue il y a quatorze ans, étaient très bonnes amies ensemble, et elle a su toutes ses affaires pendant ce temps. Elle avait eu intention de nous déclarer, il y a déjà du temps, que la Du Parc devait avoir été empoisonnée, et que l'on en a soupçonné Jean Racine ; le bruit en a été assez grand ; ce qu'elle a d'autant plus lieu de présumer que Racine a toujours empêché qu'elle, qui était la bonne amie de la Du Parc, ne l'ait vue pendant tout le cours de la maladie dont elle est décédée, quoique la Du Parc la demandât toujours ; mais quoiqu'elle y allât pour la voir, on ne l'a jamais voulu laisser entrer, et ce par l'ordre de Racine, ce qu'elle a su par la belle-mère de la Du Parc, appelée mademoiselle de Gorle, et par les filles de la Du Parc, qui lui ont marqué que Racine était cause de leur malheur.

La marquise Du Parc

— S'il ne lui a jamais été fait de proposition de se défaire de la Du Parc par poison ?

— L'on y aurait été bien mal reçu.

— Si elle ne sait pas que l'on s'est adressé pour cela à la de la Grange ?

— Elle ne sait point cela.

— Si elle ne connaît pas un comédien boîteux ?

— Oui, et c'est Béjart, qu'elle n'a vu que deux fois.

— Si Béjart n'avait pas quelque mauvaise volonté contre la Du Parc ?

— Non, et ce qu'elle a su touchant Racine a été premièrement par mademoiselle de Gorle.

— Ce que de Gorle lui a dit, et interpellée de le déclarer précisément ?

— De Gorle lui a dit que Racine, ayant épousé secrètement Du Parc, était jaloux de tout le monde et particulièrement d'elle, Voisin, dont il avait beaucoup d'ombrage, et qu'il s'en était défait par poison et à cause de son extrême jalousie, et que pendant la maladie de Du Parc, Racine ne partait point du chevet de son lit, qu'il lui tira de son doigt un diamant de prix, et avait aussi détourné les bijoux et principaux effets de Du Parc, qui en avait pour beaucoup d'argent ; que même on n'avait pas voulu la laisser parler à Manon, sa femme de chambre, qui est sage-femme, quoiqu'elle demandât Manon et qu'elle lui fit écrire pour venir à Paris la voir, aussi bien qu'elle, Voisin.

— Si de Gorle ne lui a point dit de quelle manière l'empoisonnement avait été fait, et de qui on s'était servi pour cela ?

— Non.

Qui était la marquise Du Parc ?

Marie-Thérèse de Gorla, fille du premier opérateur du Roi à Lyon, était entrée dans la troupe de Molière, après avoir épousé Du Parc. En 1653 elle passa au théâtre de l'hôtel de Bourgogne, revint à Molière en 1660, et retourna en 1667 à l'hôtel de Bourgogne, qu'elle ne quitta plus jusqu'à sa mort, arrivée à l'âge de trente-cinq ans, le 11 décembre 1608, à la suite d'un accouchement, dit Boileau, non sans quelque vraisemblance. Cette actrice était veuve depuis plusieurs années ; elle s'exposait à être grosse, et il ne serait pas impossible que pour prévenir un éclat fâcheux elle se fût soumise à des manœuvres qui ont pu hâter sa fin ; ce fut au moins le bruit public.

Quoi qu'il en fût, la Du Parc était peut-être la meilleure actrice de l'époque, elle jouait avec une égale perfection dans la tragédie et dans la comédie, et c'était en outre une danseuse achevée. La Du Parc n'avait qu'à choisir parmi les courtisans et les financiers, qui payaient ses complaisances au poids de l'or. Molière, qui s'était offert le premier, échoua, ainsi que Corneille et La Fontaine ; Racine fut plus heureux. La liaison ne fut rompue que par la mort. La déclaration de la Voisin, répétée à la *question*, ne repose que sur un ouï-dire, et n'est confirmée par aucun témoignage. Elle avait paru assez sérieuse à Louvois qui écrivit à M. de la Reynie (préfet de police) que le Roi attendait son avis pour faire arrêter Racine. ■

Personnages

Aperçu des personnalités avec lesquelles LA VOISIN était en affaires

ARGENTOX (COMTESSE D'), accusée par Lesage d'avoir fait empoisonner son mari et de s'être fait avorter et justifiée par la Voisin ; Lesage soutient qu'elle a voulu se défaire encore de son second mari ; Guibourg lui a dit une messe sur le ventre.

BAUCHÉ (MADAME DE), sénéchale de Rennes, donne 200 pistoles pour un crapaud ; se fait rendre son argent ; demande quelque chose contre son mari ; avait donné 50 louis et une bague à la Voisin, qui lui promettait une main de gloire pour gagner 50.000 livres par mois ; elle voulait être aimée, avoir de l'argent et être bien en cour ; elle avait donné à la Voisin l'argent destiné à sa toilette.

BLESSIS, a offert à la Voisin d'empoisonner son mari.

BOSSE (LA), la Voisin l'a vue préparer des crapauds ; a été poursuivie pour fausse-monnaie ; elle ne sait ni lire ni écrire ; la Voisin lui a mis la chimie dans la tête ; la Bosse fait un avortement, déclare que Belot a empoisonné une tasse d'argent avec un crapaud ; elle empoisonne une chemise ; a donné deux fioles et un lavement pour Brunet ; passe à la question et est exécutée ; avait fabriqué le poison pour Brunet.

BOURBONNE, chevalier de Malte, promet 10,000 livres à la Voisin pour faire assassiner M. Roussel ; lui donne six couverts d'argent.

BRAGELOGNE, conseiller au grand conseil, voulait empoisonner sa mère ; était le compère de la Voisin.

CATO, suivante de madame de Montespan. La Voisin la connaît, la fait entrer chez madame de Montespan en faisant des neuvaines, et lui a regardé à la main.

COECRET, dit *Duhuisson*, dit *Losage*, il fait des mariages et lève des trésors ; a demeuré chez la Voisin, y escamote une hostie consacrée ; il a été grâcié des galères ; il est arrêté avec Botot ; il connaît la Voisin depuis dix ans ; a fait une figure pour M. de Luxembourg ; fait des sortilèges avec Davot, prêtre ; est empoisonné au moyen d'un lavement ; découvre la supercherie de la Voisin qui se disait grosse de ses œuvres ; dénonce les voyages de la Voisin à Saint-Germain.

DAVOT, prêtre, confesseur de Voisin mari ; se sauve à Argentan ; a baptisé un avorton chez la Voisin et dit des messes sur le ventre de plusieurs femmes ; et d'autres pour faire mourir, et des évangiles sur la tête de la Vertemart, et des neuvaines à Saint-Victor ; fait des mariages par représentation et passer des billets sous le calice et des poudres.

DES ŒILLETS, suivante de madame de Montespan ; elle allait souvent chez la Voisin ; c'était la seule confidente de madame de Montespan ; elle a porté des poudres de la Voisin à madame de Montespan.

DELAMARRE, procureur à Gonesse, est empoisonné par la Voisin.

DREUX (MADAME), promet 6,000 livres à la Voisin pour empêcher un mariage ; lui donne un diamant, fait empoisonner des fleurs ; le roi est surpris qu'elle ait été nommée par la Voisin ; elle voulait empoisonner une femme et M. Dreux, son mari ; elle est menée à Vincennes ; avoue qu'elle a consulté la Voisin, et qu'elle y envoyait son laquais ; se fait avorter par la Voisin ; demande la mort de son mari et donne pour cela une croix de diamants ; a empoisonné un officier de la cour des monnaies.

FILASTRE, dite la Boissière, femme dangereuse ; porte à la Bergerot pour faire signer à l'Esprit un traité épouvantable ; elle a connu la Voisin, elle fait des conjurations dans une cave ; se fait faire par Guibourg un faux certificat de mariage ; a donné au diable un de ses enfants, baptisé avec l'huile de l'extrême-onction, puis égorgé ; reçoit de Galet de la poudre de cantharides pour être donnée au roi par madame de Montespan.

GUIBOURG, prêtre, ordre de l'arrêter ; il disait des messes obscènes chez la Voisin ; lève des trésors dans Paris ; dit la messe sur un arrière-faix envoyé par la Voisin ; il fait mourir ses propres enfants ; montre un pacte pour madame de Montespan et faisait passer pour elle des poudres sous le calice, il a dit des messes sur le ventre chez la Voisin et chez une fruitière, dans la cave d'un cabaretier aux Invalides, impiété et maléfices ; il a égorgé un enfant ; il devait dire en 1661 une messe chez le concierge au Palais-Royal.

LEFÉRON, veuve d'un président au parlement, menace la Voisin de la faire assassiner ; se réjouit de la mort de son premier mari ; fait manger au président pour 100 livres de diamants ; paye 30 pistoles une fiole d'eau de la Voisin ; reçoit de l'huile d'ivraie ; son mari retenait son argent et était impuissant ; convient avoir vu la Voisin, accusée d'avoir cherché à faire mourir son fils et son mari ; fait faire une figure de cire par la Voisin et reçoit une fiole empoisonnée ; voulait se défaire de son fils ; condamnée au bannissement.

LESAGE, il a fait une quarantaine chez la Voisin ; il sacrifie un pigeon blanc ; il avait une figure de cire pour faire mourir ; a travaillé pour madame de Montespan.

LOUIS XIV, reçoit les commissaires et leur ordonne de faire une justice exacte ; laisse aux juges liberté entière d'agir sans égard pour la qualité ; les assure de sa protection ; devait être empoisonné par la Voisin, sortilèges pour le faire mourir ; il ne veut pas qu'on juge en son absence et donne audience aux commissaires ; il commande de supprimer dans les procès-verbaux ce qui concerne mesdames de Montespan et de Vivonne ; il a des vapeurs, suspend les séances de la chambre.

MONTESPAN (MARQUISE DE), se fait dire des évangiles sur la tête ; consulte la Voisin ; fait des conjurations contre La Vallière ; se fait dire une messe sur le corps par Guibourg et une autre à Saint-Denis où elle était toute nue ; envoie chercher la Voisin, elle prend le parti du poison parce que rien ne réussissait ; on avait fait des conjurations, brûlé des fagots et usé de poudres ; Guibourg

ou obscènes. Ce récit, sans doute empreint d'un peu d'exagération, se trouve confirmé en partie par les *Mémoires* du temps. La Voisin mourut comme elle avait vécu, au pied du bûcher, opposant au bourreau et à ses valets non la résignation d'une victime repentante, mais la rage et la violence d'une énergumène et d'une furie.

On prétend que son dernier soupir fut accompagné d'un blasphème ; d'autres versions veulent qu'au milieu des flammes qui s'élançaient des angles du bûcher, et sur le point d'être étouffée par l'épaisse fumée qui l'entourait, elle ait prononcé distinctement les premiers mots de l'*Ave Maria*. Une foule prodigieuse couvrait la place de Grève, les rues et les quais que devait suivre le funèbre cortège. Vêtue de blanc, la tête couverte d'une espèce de capuchon, l'empoisonneuse, assise dans un tombereau, fut conduite d'abord sur le parvis de l'Église métropolitaine, à la porte de laquelle elle devait faire amende honorable, une torche à la main. Mais, arrivée là, elle ne voulut jamais prononcer la formule de pardon, et on dut y renoncer pour éviter de nouveaux scandales. Le bûcher, qui l'attendait montre un pacte fait avec le diable au nom de madame de Montespan, pour qui il avait dit une messe dans une cave ; voulait, sur la fin, opérer contre le Roi ; recevait des philtres pour faire prendre au Roi ; se fait dire une messe sur le ventre, chez la Voisin, qui en subit deux autres par procuration. Elle reçoit des poudres de la fille Voisin et fait bénir une coiffe d'enfant né coiffé ; on lui demande deux mille écus pour acheter des étoffes à empoisonner ; à une des ces messes, Guibourg égorgea un enfant, etc. ; conjurations pour la mort ou l'éloignement de La Vallière.

MONTVOISIN (MARI), Blessis propose à sa femme de l'empoisonner ; elle veut le faire empoisonner en province ; il en est averti à temps ; il est bâtonné par le grand auteur ; est battu par un amant de sa femme ; et malade pendant huit mois ; tentative pour l'empoisonner ; le poison a été donné par d'Hannivel ; raille les clientes de sa femme ; il est empoisonné par elle et la Bosse.

MONTVOISIN (FILLE), accouche chez la Lepère ; voit Saint-Renant donner du poison à Voisin mari ; le roi ordonne de mettre à part les interrogatoires après son arrestation.

PICARD, procureur au Châtelet, sa liaison avec la Voisin ; elle lui donne de la poudre.

POLIGNAC (VICOMTESSE DE), cherche à se défaire de la Vallière ; fait faire des sortilèges par Lesage ; veut se défaire de son mari ; liaison avec la Voisin ; elle la quitte pour Lesage ; dessein contre La Vallière ; confie à la Voisin ses projets contre La Vallière ; ordre de l'arrêter ; elle prend la fuite.

ROMANI, valet de chambre, prépare le placet que la Voisin devait remettre au roi ; il allait épouser la fille Voisin ; comptait vendre des étoffes ou des gants empoisonnés à madame de Fontanges.

SAINTE-CROIX, la Voisin va le visiter à la Bastille. Le poison de Sainte-Croix : liquide qui était une quintessence de crapauds distillés et pulvérisés ; se faisait dans un mortier ; il y avait de l'eau rougeâtre et de l'eau blanchâtre, le lait était le contre-poison.

SOISSONS (COMTESSE DE), visite chez la Voisin ; lui demande à se défaire du roi et de La Vallière ; décret de prise de corps ; elle se sauve ; le roi protège sa fuite ; on dit qu'elle a empoisonné en Savoie ; le roi défend aux Français d'aller la voir à Namur ; elle y tombe malade ; la populace l'insulte à Bruxelles.

TRIANON (LA), offre d'empoisonner les maris de la Voisin et de la Roussel ; avait prédit la prise de la Voisin ; devait jeter du poison sur le mouchoir du roi ; grave sur une plaque de vermeil la figure du roi ; placet contre le roi.

VENENS (CHEVALIER DE), distille des poisons ; fait des conjurations pour un trésor à Poissy ; est empoisonné par Laroque ; a donné au duc de Savoie une chemise empoisonnée ; prétend que les distillations faites chez la Chapelain étaient pour la pierre philosophale ; il connaît la Voisin ; veut donner au Roi le secret de la pierre, philosophale.

VIGOUREUX (FEMME), elle connaît la Bosse et Boucher, devins ; se mêle elle-même de deviner ; a donné à la Bosse de l'arsenic et une chemise de son mari ; meurt dans les tourments de la question.

à la Grève, mit fin à une scène odieuse et termina, en quelques minutes, ce long et déplorable drame.

Ainsi finit la Voisin. Le peuple se montra inexorable pour la Voisin, qu'il accompagna de malédictions et de clameurs cruelles jusqu'au lieu du supplice. La Voisin, dédaignant les allures hypocrites, affichait l'athéisme et le matérialisme, qui avaient été les seules croyances de toute sa vie. ■

D'APRÈS...
> *Le Magasin pittoresque* paru en 1863

La Voisin et ses pâtés de milliers de victimes

Les archives de la Bastille mentionnent les interrogatoires de Vautier et de Lesage en date du 2 et 5 novembre 1679.

INTERROGATOIRE DE VAUTIER. — La Voisin avait son cabinet coupé. Dans la moitié secrète, il y avait un four où Vautier vit de petits os humains brûlés. Prise de vin, la Voisin dit un jour avoir brûlé plus de 2500 enfants avortés. Regnard, tailleur de pierre, autrement la Tour ou de Titreville, est le grand auteur de la Voisin, qui a voulu l'engager à empoisonner Roussel. La Voisin, si terrible dans sa famille, que sa fille engrossée ne se fiait point à sa mère qui savait le fait, mais accoucha chez Lepère.

INTERROGATOIRE DE LESAGE.

— S'il n'y a pas dans le jardin de la maison où logeait la Voisin, rue Beauregard, un cabinet, et s'il n'y est jamais entré ?

— Oui, et il y est entré plusieurs fois, comme beaucoup d'autres, et sans autre dessein. Il ne s'était pas mis en peine autrement d'en observer la disposition ; mais un jour, la Vautier, qui a demeuré autrefois chez la Voisin, étant en colère, et ayant eu quelque démêlé avec elle, lui en fit des plaintes, et de ce qu'elle n'avait point d'argent, et lui dit entre autres choses, proche de la maison de la Voisin, qu'elle avait un four, dans le cabinet de son jardin, où elle faisait avorter les mères, lorsque les corps étaient assez grands pour craindre qu'étant enterrés les os n'en pussent pas être sitôt consommés dans la terre. Et sur ce qu'elle avait dit du four, il chercha l'occasion de pouvoir

Vue de la Bastille et de la porte Saint-Antoine au XVIIIe siècle

être seul dans le cabinet, où, après en avoir examiné la disposition et levé une tapisserie, il vit derrière un petit four ; ce qui fit qu'une autre fois y étant avec la Voisin, il releva la tapisserie, comme s'il n'eût à rien pensé, et ayant vu le four, il lui demanda ce qu'elle en faisait en ce lieu. Et sur cela, elle dit qu'elle l'avait fait faire pour y faire cuire des petits pâtés ; mais il lui dit qu'il n'avait point encore mangé des petits pâtés qui y fussent cuits, et qu'elle prît bien garde de ne point faire de méchant pâtés. Se souvient que la Boutier lui a dit à peu près sur cela la même chose que lui avait dite Vautier, mais non pas en termes si précis. Et la Leroux, la Pelletier, la Delaporte, la Lepère, et Margo, servante de la Voisin, peuvent bien en dire des nouvelles, aussi bien que Lambert, sage-femme, et une autre sage-femme de la rue des Deux-Portes ; et Margo se peut souvenir que lui ayant un jour demandé, après ce qu'il avait entendu dire, ce que la Voisin faisait du four, et si elle y avait vu cuire des petits pâtés depuis qu'il demeurait chez la Voisin, Margo lui dit en ces mots : Laissez-là ce four, ce n'est qu'un four de malheur. A remarqué aussi qu'il y a au-dessus du cabinet comme une espèce de soupente, et a ouï dire que c'était là où se faisaient les avortements. A aussi ouï dire à la Alexandre et à une Gasconne qui a nom Guenebault, et est de Grenoble, qu'on avait surpris la Voisin y faisant des choses abominables.

— S'il n'a pas aussi ouï dire qu'il y avait eu grand nombre d'enfants enterrés dans le jardin de la Voisin ?

— Oui, et c'est à la Duval et à la Petit séparément, et en différents temps, qu'il l'a ouï dire. ■

D'APRÈS... ***Archives de la Bastille***

Inventions/Découvertes — XVIIe **XVIIIe XIXe** XXe

SI LA FRANCE M'ÉTAIT CONTÉE...

Surprenantes MACHINES À VOLER élaborées avant le XIXe siècle

Les ailes de Le Besnier

A son retour de l'expédition d'Egypte, en 1799, Bonaparte fit fermer l'école aérostatique de Meudon, et licencia les deux compagnies d'aérostiers, arrêtant brusquement les progrès de l'une des plus intéressantes applications de l'aéronautique.

Au même moment, un homme audacieux ajoutait à cet art nouveau un glorieux fleuron, et frappait singulièrement l'imagination des masses, par une invention des plus saisissantes. Jacques Garnerin créait le *parachute*, et donnait aux Parisiens le spectacle émouvant d'un homme se précipitant dans l'espace, à quelques centaines de mètres de hauteur, sans autre protection qu'un frêle parasol de soie, retenu par quelques cordes.

Il y a plus de 2000 ans, les esprits les plus imaginatifs caressent déjà l'espoir de voler

L'invention du parachute a été la conséquence, éloignée peut-être, mais au moins la conséquence immédiate, des tentatives si nombreuses qui avaient été faites pendant le siècle précédent, pour arriver à réaliser le vol aérien.

L'antiquité grecque rapporte qu'un mécanicien, nommé Architas, contemporain et ami de Platon, avait inventé une *colombe volante*. C'était un oiseau de bois, qui se soutenait dans les airs. Il n'y a rien que de très probable dans le fait de cette invention, qui ne dépassait pas les limites de l'état de la science et des arts dans l'antiquité. Il faut arriver au premier siècle de l'ère chrétienne, pour trouver un fait relatif à l'art de voler. Il s'agit de Simon de Samarie, dit *Simon le Magicien*, qui n'était pas un jongleur vulgaire, mais un thaumaturge, dont les puissants arcanes avaient su imposer également à la multitude et à Néron lui-même. Il annonça à la cour de Néron, qu'à un jour fixé, il s'élèverait de terre, et parcourrait les airs, sans ailes, ni char, ni appareil d'aucune sorte. Tout le peuple s'assembla, pour être témoin de ce spectacle extraordinaire. Mais Simon tomba lourdement sur le sol, et se cassa les jambes dans sa chute.

On peut expliquer sans miracle le fait historique de la tentative de vol aérien, faite par Simon de Samarie. Il avait probablement fabriqué des ailes factices, qui, appliquées à son corps, devaient lui donner la faculté de voler. Mais l'appareil étant sans doute mal conçu, se détraqua en l'air, et le maladroit mécanicien alla mesurer la terre. On raconte un fait du même genre, qui serait arrivé pendant le douzième siècle, à Constantinople, sous le règne de l'empereur Emmanuel Commène : « Un Sarrasin qui passait d'abord pour magicien, mais qui ensuite fut reconnu pour fou, monta, de lui-même, sur la tour de l'Hippodrome. Cet imposteur se vanta qu'il traverserait, en volant, toute la carrière. Il était debout, vêtu d'une robe blanche, fort longue et fort large, dont les pans retroussés avec de l'osier, lui devaient servir de voile pour recevoir le vent. Il n'y avait personne qui n'eût les yeux fixés sur lui et qui ne lui criait souvent : *Vole, vole, Sarrasin, et ne nous tiens pas si longtemps en suspens, tandis que tu pèses le vent*. L'empereur, qui était présent, le détournait de cette entreprise vaine et dangereuse. Le Sarrasin étendait quelquefois les bras pour recevoir le vent ; enfin, quand il crut l'avoir favorable, il s'éleva comme un oiseau, mais son vol fut aussi infortuné que celui d'Icare, car le poids de son corps ayant plus de force pour l'entraîner en bas que ses ailes artificielles n'en avaient pour le soutenir, il se brisa les os, et son malheur fut tel, que l'on ne le plaignit pas. »

Les ailes artificielles ont le vent en poupe, mais les tentatives s'avèrent infructueuses

L'illustre et malheureux Roger Bacon (1214-1292), dans son ouvrage *De secretis operibus artis et naturæ*, donne la description d'une « machine volante. » Le projet dont Bacon posait le principe, fut mis à exécution après lui.

Jean-Baptiste Dante, habile mathématicien, qui vivait à Pérouse, vers la fin du quinzième siècle, construisit des ailes artificielles, qui, appliquées au corps de l'homme, lui permettaient, a-t-on dit, de s'élever dans les airs. Mais ces expériences eurent une assez triste fin. Le jour de la

Inventions/Découvertes

Le vaisseau de Lana

célébration du mariage de Barthélemy d'Alviane, Dante voulut donner à la ville de Pérouse le spectacle d'une ascension. Il s'éleva très haut, et vola par-dessus la place ; mais le fer avec lequel il dirigeait une de ses ailes s'étant brisé, il tomba sur le toit de l'église de Saint-Maur et se cassa la cuisse. Dante ne mourut point des suites de cet accident, qui lui valut une chaire de mathématiques à Venise.

Un accident semblable serait arrivé précédemment à un savant bénédictin anglais, Olivier de Malmesbury. Ce bénédictin passait pour fort habile dans l'art de prédire l'avenir ; cependant il ne sut point deviner le sort qui l'attendait. Il fabriqua des ailes, d'après la description qu'Ovide nous a laissée de celles de Dédale, les attacha à ses bras et à ses pieds, et s'élança du haut d'une tour. Mais ses ailes le soutinrent à peine l'espace de cent vingt pas ; il tomba au pied de la tour, se cassa les jambes, et traîna depuis ce moment une vie languissante. Il se consolait néanmoins de sa disgrâce en affirmant que son entreprise aurait certai-nement réussi s'il avait eu soin de se munir d'une queue !

En 1670, un jésuite de Brescia, nommé Lana, publia un ouvrage intitulé *Prodromo dell'arte maestro*. Le quatrième livre est consacré à décrire la construction d'un *vaisseau volant*, et cette description est accompagnée d'une figure gravée. Le dessin du *vaisseau volant* de Lana, qui fut reproduit par Faujas de Saint-Fond, dans son ouvrage sur les *Expériences aérostatiques*, publié en 1783, donna alors beaucoup à penser. On s'imagina, mais bien faussement, que les frères Montgolfier avaient pu emprunter quelque chose à l'ouvrage du jésuite italien. Il suffit de lire l'auteur original pour dissiper ces préjugés. Ce prétendu vaisseau volant est un objet de pure fantaisie. C'est une de ces rêveries, comme on en trouve tant dans les ouvrages de cette époque, où le fantastique tient trop souvent la place de la réalité scientifique. Un autre religieux, le P. Galien, d'Avignon, a écrit, en 1755, un petit livre sur l'*art de naviguer dans les airs*. A l'époque de la découverte des aérostats, quelques personnes prétendirent encore que les frères Montgolfier avaient puisé dans le livre oublié du père Galien le principe de leur découverte. Les inventeurs dédaignèrent de combattre cette assertion.

De nombreux projets de machines prennent leur envol au XVIIIe siècle

Dans une expérience publique, faite à Lisbonne, en 1736, en présence du roi Jean V, un certain Gusman, physicien portugais, s'éleva dans un panier d'osier recouvert de papier. Un brasier était allumé sous la machine ; mais, arrivée à la hauteur des toits, elle se heurta contre la corniche du palais royal, se brisa et tomba. Toutefois la chute eut lieu assez doucement pour que Gusman demeurât sain et sauf. Les spectateurs, enthousiasmés, lui décernèrent le titre d'*Ovoador* (l'homme volant). Encouragé par ce demi-succès, il s'apprêtait à réitérer l'épreuve, lorsque l'inquisition le fit arrêter comme sorcier. Le malheureux aéronaute fut jeté dans un *in-pace*, d'où il serait sorti pour monter sur le bûcher sans l'intervention du roi. Pendant l'année 1768, un mécanicien, nommé Le Besnier, originaire de la province du Maine, fit, à Paris, diverses expériences d'une *machine à voler*. Le Besnier fit usage de ses ailes avec un certain succès, et un baladin, qui en acheta une paire à l'inventeur s'en servit heureusement à la foire de Guibray. Il n'en fut pas de même d'un certain Bernon, qui, à Francfort, se cassa le cou, en essayant de voler.

La tradition rapporte que, sous Louis XIV, un danseur de corde, nommé Alard, annonça qu'il ferait devant le roi, une expérience de vol aérien. Il devait s'élancer de la terrasse, et se rendre, par la voie de l'air, jusque dans le bois du Vésinet : le maladroit Dédale tomba au pied de la terrasse, et se blessa dangereusement. Le marquis de Baqueville eut un sort à peu près semblable. Il avait construit d'énormes ailes, pareilles à celles qu'on donne aux anges ; il annonça qu'il traverserait la Seine en volant, et viendrait s'abattre dans le jardin des Tuileries. Il s'élança de sa fenêtre, et s'abandonna à l'air. Parvenu au milieu de la Seine, ses mouvements devinrent incertains, et il finit par tomber sur un bateau de blanchisseuses : il en fut quitte pour une cuisse cassée.

En 1772, l'abbé Desforges, chanoine à Étampes, fit publier l'annonce de l'expérience publique d'une voiture volante de son invention. Sa machine était une sorte de nacelle, munie de grandes ailes à charnières. Mais il ne put réussir à prendre son vol. La dernière machine de ce genre est le *bateau volant* dont Blanchard faisait l'exhibition de 1780 à 1783. Blanchard travailla plusieurs années à son bateau volant ; mais jamais il n'en fit une expérience sérieuse. Il avait construit deux appareils différents, qu'il modifiait d'ailleurs sans cesse. C'était d'abord son *bateau volant*, es-

1670 : le vaisseau volant de François Lana

En 1670, plus d'un siècle avant l'admirable découverte des frères Montgolfier, François Lana, jésuite très savant, construisit l'appareil que notre gravure représente. La légèreté spécifique de l'air échauffé et du gaz hydrogène n'étant pas encore découverte, il n'eut d'autre idée pour faire élever ses ballons que de les vider complètement d'air. Mais en supposant même que ces quatre ballons qui surmontent sa nacelle eussent été assez légers pour l'enlever, il est de toute évidence que la pression atmosphérique extérieure eût suffi pour les détruire.

Quant à l'idée de se servir d'une voile pour diriger le ballon comme on dirige un navire, c'était aussi une illusion ; car la nacelle aérostatique, et les quatre globes de la voile étant tous plongés entièrement dans l'air, auraient toujours dû suivre la direction du courant atmosphérique quel qu'il fût. Lorsqu'un navire est plongé dans la mer et que ses voiles reçoivent l'impulsion du vent, il faut considérer qu'il y a réellement deux forces : la force active du vent et la force passive de la résistance de l'eau : en corrigeant ces deux forces l'une par l'autre, on peut être jusqu'à un certain point maître de suivre la direction qu'on veut ; on finit même, en louvoyant, par remonter le lit du vent ; mais lorsqu'on n'est soumis qu'à une seule force, il faut lui obéir entièrement. ■

D'après... Le Magasin pittoresque paru en 1837

Inventions/Découvertes

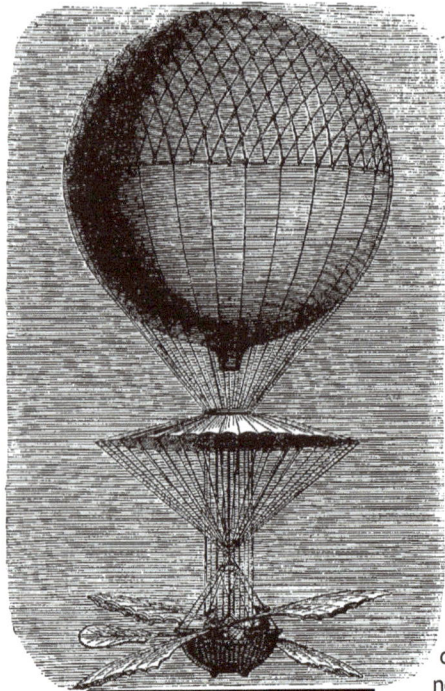
Bateau volant de Blanchard

pèce de nacelle aérienne munie de rames. Blanchard, outre ce premier système, avait construit une paire d'ailes qu'il appliquait à son corps, et qui lui permettait de s'élever jusqu'à 80 mètres de hauteur, au moyen d'un contrepoids qu'il aurait fallu supprimer pour voler. Pendant plusieurs années, il chercha, sans y parvenir, le moyen de se délivrer de cette entrave. Le mauvais résultat des nombreux essais entrepris pour construire des machines aériennes, fit abandonner, de guerre lasse, ce genre de recherches. D'ailleurs le géomètre Lalande démontra l'impossibilité de réussir dans cette voie.

La découverte des aérostats marque la suspension des recherches sur le parachute

La découverte des aérostats, en 1783, vint couper court à tous les essais de ce genre. A partir de ce moment, les volateurs cédèrent la place aux aéronautes. Cependant, les anciennes expériences, relatives au vol aérien, ne furent pas inutiles, lorsqu'on songea à donner à l'aéronaute le moyen de se séparer de son ballon au milieu des airs, c'est-à-dire lorsqu'on voulut créer le parachute, appareil propre à favoriser la descente du navigateur dans les cas périlleux ou embarrassants.

Le physicien qui, le premier, conçut et mit en pratique le parachute actuel, est Sébastien Lenormand, qui devint, plus tard, professeur de technologie au Conservatoire des Arts et Métiers de Paris. C'est à Montpellier qu'il en fit, en 1783, la première expérience. Le 26 novembre 1783, il se laissa aller de la hauteur d'un premier étage, tenant de chaque main un parasol de trente pouces. La chute lui parut insensible. Montgolfier qui était alors à Montpellier fut témoin de cette expérience saisissante et il approuva beaucoup le nom de *parachute* que Lenormand donna à cet appareil. Peu de temps après, Blanchard, dans ses ascensions publiques, répétait sous les yeux des Parisiens, et comme objet de divertissement, l'expérience que Lenormand avait exécutée à Montpellier. Il attachait à un vaste parasol, divers animaux, qu'il lançait du haut de son ballon, et qui arrivaient à terre sans le moindre mal. Mais, bien que ces expériences eussent toujours réussi, Blanchard n'eut jamais la pensée de rechercher si le parachute développé et agrandi, pourrait devenir pour l'aéronaute un moyen de sauvetage.

En 1793, cette pensée audacieuse s'offrit à l'esprit de Jacques Garnerin, après qu'il ait été fait prisonnier dans un combat d'avant-postes à Marchiennes. Pendant la longue captivité qu'il subit, en Hongrie, dans les prisons de Bude, l'expérience de Lenormand lui revint en mémoire, et il résolut de la mettre à profit pour recouvrer sa liberté. Mais il ne put réussir à cacher les préparatifs de sa fuite ; on s'empara des pièces qu'il commençait à disposer, et il dut renoncer à mettre son projet à exécution. Rendu à la liberté, en 1797, Jacques Garnerin en profita pour mettre à exécution son projet. Il voulut reconnaître si le parachute ne pourrait pas être utile, comme moyen de sauvetage dans les voyages aérostatiques. Il exécuta cette courageuse expérience, le 22 octobre 1797. ■

D'APRÈS...
> ***Les Merveilles de la science ou Description populaire des inventions modernes (T. 2)** paru en 1868*

22 octobre 1797 ou la consécration du parachute

Le 22 octobre 1797, à 5 heures du soir, Jacques Garnerin s'éleva du parc de Monceaux. La petite nacelle dans laquelle il s'était placé, était surmontée d'un parachute replié, suspendu lui-même à l'aérostat. L'affluence des curieux était considérable, un morne silence régnait dans la foule, l'intérêt et l'inquiétude étaient peints sur tous les visages. Lorsqu'il eut dépassé la hauteur de 1 000 mètres, on le vit couper la corde qui rattachait le parachute à son ballon. Ce dernier se dégonfla et tomba, tandis que la nacelle et le parachute étaient précipités vers la terre, avec une prodigieuse vitesse. L'instrument s'étant développé, la vitesse de la chute fut très amoindrie. Mais la nacelle éprouvait des oscillations énormes ; un cri d'épouvante s'échappa du sein de la foule. Arrivée à terre, la nacelle heurta fortement le sol, mais ce choc n'eut point d'issue funeste.

Le parachute tel qu'il a été employé par Garnerin ressemble à un vaste parapluie. Dans un recueil de machines dû à Fauste Veranzio, et publié à Venise en 1617, on trouve notamment l'estampe reproduite ici. Le texte français qui précède les planches donne l'explication suivante que nous reproduisons textuellement avec son orthographe, sans y faire d'autre changement que de placer les accents. « Avecq un voile estendu avecq quatre perches égalles, et ayant attaché quatre cordes aux quattre coings, un homme sans danger se pourra jetter du haut d'une tour ou de quelque autre lieu éminent : car encore que, à l'heure, il n'aye pas de vent, l'effort de celui qui ne tombera apportera du vent qui retiendra la voile, de peur qu'il ne tombe violement, mais petit à petit descende. L'homme doncq se doibt mesurer avec la grandeur de la voile. » Une espèce de parachute moins parfaite, il est vrai, que celle qu'employa Garnerin, mais d'un emploi possible néanmoins, était donc décrite 185 ans avant la tentative heureuse du célèbre aéronaute. »

D'APRÈS... ***Le Magasin pittoresque** paru en 1837* ET ***Les Merveilles de la science ou Description populaire des inventions modernes (T. 2)** paru en 1868*

Jacques Garnerin (1769-1823)

La France pittoresque — XVIIᵉ XVIIIᵉ **XIXᵉ** XXᵉ — Institutions

Un peu plus de lumière sur les FONDS SECRETS

La répartition et l'utilisation des fonds secrets faisaient déjà l'objet de cinglantes diatribes au XIXᵉ siècle. Léon Bienvenu, préfet de police, nous en offre un exemple haut en couleur, affirmant que chacun, dans la mesure de ses forces, secoue de son mieux l'anse du panier national sans que le ministère ne s'en émeuve.

Bien des gens, explique-t-il, croient encore — grâce aux journaux officieux qui développent de temps en temps cette thèse, — qu'un portefeuille de ministre est la ruine personnelle pour celui qui le tient sous le bras. On sait

Ministère des Finances en 1830

qu'un ministre reçoit un traitement de 60 000 francs par an, et l'on se dit généralement : « Comment voulez-vous qu'un homme joigne les deux bouts s'il n'ajoute pas à cette somme au moins 150 000 francs de sa poche !... »

Souvenirs d'une époque... révolue

Ce que les journaux officieux ne disent pas, c'est qu'indépendamment de ces 60 000 francs, le ministre de l'Intérieur reçoit un supplément de deux millions sous la rubrique : *fonds secrets*, et dont il n'a aucuns comptes à rendre à personne. Il peut, sans presque toucher à ses deux millions entretenir grassement sa presse. Il a pour cela une monnaie de singe qui ne lui coûte pas un centime et qui est représentée par les concessions, les marchés, les entreprises et les décorations. Je pourrais citer bon nombre de journalistes achetés par le ministre sans que celui-ci ait eu à délier d'autres cordons que ceux de la Légion d'honneur.

En somme, « le ministre de l'Intérieur, alloue six cent mille francs au Préfet de police » sur les deux millions de fonds secrets : « il lui en reste donc à lui-même quatorze cent mille, sur lesquels il n'en dépense pas cinq cent mille, ce qui lui fait environ un million pour son argent de poche. » De ce million, il ne doit compte à personne. Pas plus d'ailleurs que je ne devais compte des six cent mille francs qui m'étaient alloués sur les fonds secrets quand j'étais préfet de police. Comme dans toutes les maisons mal tenues où il y a ce qu'on appelle du *coulage* « le sans-gêne avec lequel, en haut lieu, on dispose des fonds secrets » est naturellement imité par les inférieurs. Chacun d'eux, dans la mesure de ses forces, secoue de son mieux l'anse du panier national ; c'est une tradition et le ministère ne s'en émeut pas. Depuis celui qui s'alloue un million par an sur les fonds secrets qui sont mis à sa disposition sans contrôle, jusqu'au frotteur du ministère qui se sert de la cire de ses oreilles pour frotter les parquets et se la fait rembourser sur le pied de onze francs l'once, tout le monde chipe, gratte et chaparde à qui mieux mieux.

Un ancien préfet avait été dénoncé par son successeur, qui l'accusait d'avoir, pendant son séjour à la préfecture, considéré les deniers de l'Etat comme j'avais moi-même considéré les papiers publics de la Préfecture de police, c'est-à-dire comme des « documents personnels ». Sommé à deux reprises, par moi-même, en ma qualité de député, de tirer cette scandaleuse affaire au clair, le ministre de l'Intérieur se déroba toujours, et pour toute réponse à mes questions pressantes, donna de l'avancement au préfet que l'on accusait d'avoir ajouté des queues aux zéros de sa comptabilité, et destitua le préfet qui avait dénoncé ces prétendues arabesques fantaisistes. Cela dura jusqu'au moment où la prescription enleva au préfet dont les pratiques avaient été dénoncées les moyens de confondre publiquement son accusateur.

Et depuis, on n'a jamais su au juste si les queues avaient été soudées aux zéros par le préfet incriminé, ou si elles y avaient poussé toutes seules pendant un de ces étés très chauds qui produisent parfois des phénomènes de végétation extraordinaires. ■

D'APRÈS...
> *Mémoires d'un préfet de police* paru en 1885

Attendez-moi sous l'orme

En 1605, Sully rendit une ordonnance qui obligeait chaque commune à planter un orme en face de l'église. C'était le rendez-vous pour traiter des affaires publiques et en délibérer. On y payait, à la Saint-Jean et à la Saint-Martin, les rentes et redevances à l'intendant du seigneur et aux propriétaires grands et petits. De cette coutume vient le dicton populaire : « Attendez-moi sous l'orme » ; pour dire : « Ne comptez pas sur moi ou sur mes promesses. » Les mauvais débiteurs furent sans doute des premiers à le mettre en vogue. Quelques-uns de ces ormes subsistent encore. Dans un faubourg d'Abbeville, on en voit un gigantesque qui mesure 7ᵐ75 de circonférence. L'usage de payer à la Saint-Jean s'est conservé dans un grand nombre de provinces. ■

Le saviez-vous ?

Inondations historiques dévastant les récoltes

Les grandes pluies et les débordements de l'année 490 causèrent la peste. En 580, des pluies énormes enflèrent prodigieusement tous les fleuves de la France ; il s'ensuivit d'effroyables inondations submergeant les troupeaux, entraînant les récoltes, ruinant beaucoup de maisons. Une grande disette suivit les pluies continues de l'année 757. L'abondance des pluies de 821 empêcha les semailles de l'automne. Il y eut une si grande quantité de pluies en 838, qu'on dut craindre la ruine entière des récoltes. Au mois de mai 846, Auxerre éprouva une telle inondation, que l'Yonne, prodigieusement enflée, pénétra dans les maisons et entraîna les tonneaux des caves ; la violence de ses eaux enleva une vigne tout entière, et la transporta sur la rive opposée sans en diviser les terres. En 886, il plut nuit et jour presque sans interruption pendant les mois de mars, juin et juillet aux environs de Mayence, ce qui amena des inondations effrayantes de la part du Rhin. Des pluies continuelles remplacèrent les neiges et la sécheresse du printemps de 989 ; elles empêchèrent les semailles de l'automne.

En 1012, les eaux du Danube et du Rhin occasionnèrent d'immenses ravages. L'excès des pluies fut la principale cause de l'affreuse famine de 1030 à 1033. La terre était incessamment baignée par la pluie : on attendait en vain un temps favorable, soit pour les semailles, soit pour les récoltes. Le sol resta tellement trempé pendant ces trois ans, qu'il n'offrit pas un seul sillon propre à recevoir le grain. Les grandes inondations de 1097 ne permirent pas de semer en automne. En 1125, des pluies continuelles emportèrent presque entièrement les semences après le mois de mai. La surabondance des pluies retarda la moisson de 1144 jusqu'au 25 août. Les pluies de l'été 1175 empêchèrent la moisson du mois d'août et la vendange en automne. Il y eut des débordements désastreux de plusieurs fleuves, et en particulier de la Seine, vers la Noël. En 1204, tout le pays d'Auge et tout le voisinage de Caen furent presque submergés. En décembre 1206 la Seine rompit à Paris trois arches du Petit-Pont, et toutes les rues étaient tellement inondées qu'on ne se visitait plus qu'en bateau. En 1427, il plut sans discontinuer du mois d'avril au 9 juin. A Paris, la Seine couvrit entièrement l'île Saint-Louis, et s'éleva sur le quai Saint-Paul à la hauteur du premier étage des maisons. En hiver 1596, la Marne couvrit un tiers de la ville de Lagny. En 1649, des pluies continuelles grossirent beaucoup la Seine à Paris : ses eaux ébranlèrent

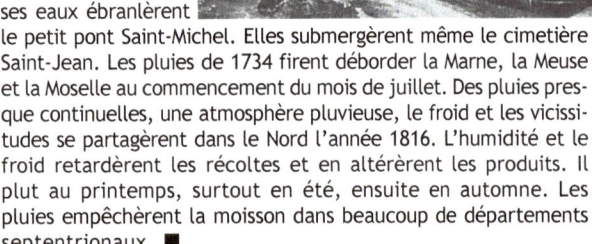

le petit pont Saint-Michel. Elles submergèrent même le cimetière Saint-Jean. Les pluies de 1734 firent déborder la Marne, la Meuse et la Moselle au commencement du mois de juillet. Des pluies presque continuelles, une atmosphère pluvieuse, le froid et les vicissitudes se partagèrent dans le Nord l'année 1816. L'humidité et le froid retardèrent les récoltes et en altérèrent les produits. Il plut au printemps, surtout en été, ensuite en automne. Les pluies empêchèrent la moisson dans beaucoup de départements septentrionaux. ∎

*D'APRÈS... **Des changements dans le climat de la France** paru en 1845*

Le vieil ORME de Salernes (Var)

Cet orme a été planté en 1683, en face d'une église construite du temps de la reine Jeanne. En notre siècle un savetier y a établi sa demeure. Un jour, en 1868, une étincelle échappée du poêle de ce pauvre homme mit le feu aux parties mortes du bois. L'orme brûla pendant vingt-quatre heures ; on le tenait pour mort. Or, il arriva au contraire que, débarrassé de ses rugosités, et rajeuni en quelque sorte, il ne s'en porta que mieux. Son feuillage d'un vert sévère est un sujet d'admiration pour les étrangers et d'orgueil pour les habitants.

On ne croit pas, du reste, qu'il se rattache à sa plantation et à sa vie aucune légende ou anecdote digne d'intérêt. On suppose qu'un bon échevin l'aura fait planter simplement pour donner de l'ombre à la place. Aucun poète ne l'a chanté, et il n'est guère cité que dans ces lignes d'un *guide* moderne :

« De la place du Pré, dit M. Bunel, on entre dans une autre plus petite, *le Marché*. Un orme deux fois séculaire élève, au milieu de la place, sa tête vénérable ; il montrait naguère à la génération présente son front chauve, ses flancs creux et desséchés, comme pour lui reprocher de ne pas protéger la vieillesse de celui qui, jadis, avait protégé les danses et les jeux de ses ancêtres. Ce langage muet a été compris. Un toit en zinc est venu couvrir les plaies du vieillard, et pour lui éviter les affronts d'une jeunesse mal élevée, un savetier, en plaçant sa boutique dans le creux de l'arbre rustique, s'en est constitué le gardien. Le soir, en même temps qu'il préserve de toute profanation cet étroit réduit, il y enferme son baquet, son tabouret et sa manique. » ∎

*D'APRÈS... **Le Magasin pittoresque** paru en 1875*

Les ARDOISIÈRES d'Angers : siège d'un pénible labeur initié au VIe siècle

À cinq kilomètres environ d'Angers sont situées des carrières d'ardoise, vaste amas de schiste, formé par les terrains de transition qui se relient aux roches granitiques de la Bretagne.

Les ardoisières naissent au VIe siècle

D'après une vieille légende, un jeune seigneur, nommé Licinius, qui s'était concilié l'affection des rois de France Clotaire et Chilpéric par sa vaillance à la guerre et son habileté en diplomatie, était au moment de s'unir à une belle et riche jeune fille. Le jour de la célébration du mariage, lorsqu'il s'approcha du seuil de sa fiancée, il vit avec effroi un cortège de religieux chantant des hymnes funèbres... La jeune fille était-elle morte ? Non, mais elle était frappée de la lèpre ; elle n'existait plus pour le monde. Licinius, désespéré, se fit prêtre. Quelques années plus tard, les habitants d'Angers le choisirent pour évêque. Sa charité était inépuisable et éclairée : autant qu'il le pouvait, au lieu d'aumônes, il donnait des moyens de travail. Il possédait, aux environs d'Angers, de vastes domaines ; il employa les pauvres à extraire la pierre qui s'y trouvait en abondance, et, ayant remarqué que cette pierre était fissile, il eut le premier l'idée de la faire servir aux toitures. Il est encore honoré, comme patron de l'industrie qu'il avait inventée, sous le nom de saint Lézin.

Les documents historiques ne font remonter qu'au douzième siècle l'exploitation des ardoisières d'Angers. L'ardoise fissile ne se rencontre jamais qu'à une grande profondeur, à 15 ou 20 mètres au-dessous du sol. La première opération consiste à découvrir l'emplacement de la carrière, qui peut avoir jusqu'à 100 mètres carrés environ : on enlève les terres, les roches inutiles, ce qu'on nomme vulgairement les *cosses* ; puis, lorsqu'on a atteint l'ardoise, le rocher solide, on y construit l'*engin*, vaste édifice de bois destiné à l'extraction de la pierre. L'engin sert de base à une plate-forme mobile, sorte de pont-levis qui fait saillie, et sur laquelle s'avancent les chariots pour recevoir la pierre à mesure qu'elle sort des profondeurs de la carrière.

Les *perreyeurs*, ouvriers de la carrière, font l'*abatage* du rocher en creusant le schiste en gradins successifs. On peut descendre ainsi jusqu'à la profondeur de 450 mètres. La pierre est hissée en blocs de moyenne grosseur, à l'aide des engins dont nous venons de parler, dans des caisses de bois nommées *bassicots*. Rien de plus imposant que cette opération : les énormes poulies de l'engin, mues par la vapeur, enlèvent le bassicot, qui se balance avec son lourd chargement au-dessus de la tête des ouvriers. C'est un spectacle effrayant et qui a de la grandeur.

Les mines souterraines apparaissent au milieu du XIXe siècle

La plupart des ardoisières sont à ciel ouvert ; mais, depuis 1842, on a inventé un nouveau mode d'exploitation, les carrières souterraines. Les mines ordinaires ne peuvent donner l'idée de ces profondes excavations. Qu'on se figure des voûtes dont la hauteur égale deux fois environ la hauteur des voûtes de Notre-Dame de Paris, un cirque immense éclairé par plusieurs centaines de becs de gaz, et tout retentissant du choc des pierres, de l'explosion des mines, et du commandement des contremaîtres crié au porte-voix... Des balcons, accrochés aux parois de la voûte et destinés à la surveillance, permettent d'embrasser l'ensemble du tableau. Tous les visiteurs trouvent la même comparaison pour peindre cette scène imposante : c'est l'enfer du Dante.

Ardoisières d'Angers. *Engin* en construction

Un puits, semblable à celui d'une mine ordinaire, donne accès aux bassicots qui descendent au fond de la carrière. Lorsque l'ardoise a été extraite des profondeurs de la terre, les blocs abrupts sont transportés dans des charrettes aux ateliers des fendeurs. A vrai dire, le mot de camp serait plus exact ici que celui d'atelier. Les fendeurs d'ardoises, les ouvriers d'*à-haut*, comme on les

Arts/Industries

Ouvriers perreyeurs travaillant l'ardoise sous un tue-vent

appelle, sont installés dans les terrains qui environnent la carrière, sous des espèces de petites tentes en chaume qu'ils nomment des *tue-vent*. Ces abris mobiles, fermés d'un seul côté, peuvent être tournés à volonté, suivant la direction du vent ou du soleil.

Le fendeur, placé debout, prend un bloc d'ardoise et le tient fortement fixé entre ses genoux. Puis, à l'aide d'un maillet et d'un ciseau de fer, il le divise en blocs de moindre grosseur. L'ouvrier a eu soin d'abord d'attacher autour de ses jambes d'énormes plastrons de chiffons destinés à le protéger contre les écarts de son ciseau. Les blocs extraits du bloc primitif s'appellent des *repartons*. Chacun des repartons est successivement divisé en fragments de plus en plus minces, jusqu'à ce qu'il atteigne le volume de l'ardoise de toiture. Cette opération du *repartonage* s'exécute avec une rapidité et une dextérité prodigieuses. Le ciseau vole dans la main de l'ouvrier, et l'on conçoit alors l'utilité des guêtres de chiffons. Une fois amincie, l'ardoise est équarrie par un instrument tranchant nommé *dolleau*.

Des ouvriers choyés et fiers de leur métier

L'histoire des *perreyeurs*, depuis le quinzième siècle jusqu'à nos jours, déroule un intéressant tableau des progrès de la condition morale et matérielle de la classe ouvrière. Jusqu'à la fin du XVIIIe siècle, les ouvriers perreyeurs étaient séparés en deux classes très distinctes : celle des ouvriers *d'à-haut*, et celle des ouvriers *d'à-bas*. Les ouvriers *d'à-haut*, les fendeurs, auraient cru se déshonorer en fréquentant les ouvriers *d'à-bas* : les uns et les autres repoussaient avec dédain tout ouvrier n'appartenant point par ses liens de famille à une génération de perreyeurs. De là quelques avantages : une certaine fierté du métier et la tradition du labeur paternel, mais aussi bien des rivalités, des exclusions injustes, nuisibles au travail et aux travailleurs. Ce fut seulement au commencement de notre siècle que de nouveaux venus, flétris du nom de *pigrotiers*, parvinrent à prendre rang parmi les perreyeurs de vieille date.

Les ouvriers perreyeurs n'ont pas à craindre le chômage : un traité passé entre les différents établissements ardoisiers assure le placement immédiat des ouvriers qui, par une cause fortuite, ne trouveraient pas de travail dans quelqu'une des ardoisières. La *chambre de dépense*, vaste entrepôt d'objets de toutes sortes, habillements, provi-

sions, etc., livre aux ouvriers les fournitures dont ils ont besoin à un prix très réduit. Les travailleurs infirmes ou trop âgés sont assurés d'une pension de retraite. Le sentiment de la fraternité est profondément développé parmi les perreyeurs. « En 1848, dit M. Ernest Mourin dans une notice à laquelle nous avons emprunté les détails précédents, lorsque l'activité industrielle fut momentanément arrêtée, le travail manquant, on se vit obligé, aux Grands-Carreaux, de renvoyer cinquante hommes sur les cent cinquante qui fendaient la pierre. Le jour on devait s'exécuter cette mesure, une députation, choisie parmi les cent qui restaient, se présente aux commissaires : « Gardez tous nos camarades », dirent-ils, nous « partageons notre pierre avec eux... »

L'événement le plus désastreux de l'histoire des ardoisières d'Angers a été la terrible inondation de 1856. La Loire, ayant brisé ses digues, fit irruption dans les carrières. Le fleuve, se précipitant à plein courant dans ces abîmes profonds, donnait aux riverains épouvantés le spectacle d'un véritable Niagara. Les machines, les matériaux, les travaux commencés, tout fut détruit ou bouleversé. ■

D'après...
> *Le Magasin pittoresque* paru en 1867

Petite histoire du patron des ardoisières

Lézin naquit vers l'an 530 d'une famille princière ; Garnier, son père, était l'un des plus puissants leudes de la cour de Clotaire Ier. Aussitôt que l'âge permit à son fils de commencer l'étude des lettres, il le confia aux plus habiles maîtres de l'école du palais ; le jeune élève surpassa bientôt tous ses condisciples par sa pénétration et son savoir. Ses études terminées, il fut présenté solennellement à Clotaire qui, charmé de la noblesse et de la beauté de ses traits, de la sagesse et de la prudence de sa conduite, de la maturité et de la prudence de ses mœurs, voulut lui donner une preuve de son estime en lui conférant, avec le baudrier militaire, la dignité de connétable. Puis, avant de mourir (561), il l'honora du gouvernement des provinces armoricaines, avec le titre de comte et duc des Angevins. Lézin vint alors habiter la capitale de l'Anjou : il avait trente et un ans.

Esprit élevé et conciliant, Lézin comprit aussitôt l'étendue de ses devoirs et il sut les remplir avec autant d'habileté que s'il eût eu une longue expérience des hommes et des choses. Chilpéric voulut récompenser la fidélité de ce digne magistrat en lui donnant une épouse digne de lui, mais la jeune fiancée fut tout à coup frappée de la lèpre. Aussitôt Lézin vend tout ce qu'il possède en propre, et, après avoir tout distribué aux pauvres, aux églises et aux monastères, il se retire dans l'abbaye de Chalonnes où il donne l'exemple de toutes les vertus. Andoin, évêque d'Angers, étant venu à mourir (vers 586), Lézin est élu d'une voix unanime et revêtu du caractère épiscopal par le célèbre saint Grégoire de Tours. Durant son épiscopat, il instruit son peuple, lui donne l'exemple de toutes les vertus, soulage l'indigence et sert d'appui à l'opprimé. Il fait construire, non loin des portes de la ville d'Angers, un vaste monastère qu'il place sous le patronage de saint Jean-Baptiste.

Le jour vint où ce vaillant athlète dut succomber sous le poids des travaux et des années. Pendant les chaleurs du mois d'août 616, une fièvre violente le saisit. Il mourut le 1er novembre de la même année. Il fut enterré dans l'église de son monastère de Saint-Jean-Baptiste : le jour de ses funérailles, deux aveugles recouvrèrent la vue, et un grand nombre d'infirmes la santé la plus parfaite. ■

D'après... Le Magasin pittoresque paru en 1876

La France pittoresque — XVIIe **XVIIIe XIXe** XXe — Institutions

Pinel met un terme au funeste sort des ALIÉNÉS, bêtes curieuses au XVIIIe siècle

À l'époque de la fondation de Bicêtre, les épileptiques, idiots, imbéciles circulaient librement dans les cours ; mais bien avant 1730, il leur fut interdit de sortir des localités qui leur étaient affectées. En 1737, les aliénés se trouvaient réunis dans le quatrième emploi formé par le bâtiment neuf et ses dépendances.

Les bons pauvres et les mendiants devenant de plus en plus nombreux, les deuxième, troisième et quatrième emplois de l'hôpital furent, à cette date, réservés spécialement pour eux. Le premier fut consacré, comme par le passé, à la maison de force, le cinquième aux vénériens, et la section des fous, partagée en deux, forma les sixième et septième emplois. Dans le sixième étaient placés les idiots, les imbéciles et les épileptiques, les enfants infirmes et teigneux. Dans le septième emploi, composé du pavillon de l'Ouest et de cent onze loges, au début, de cent soixante-douze en 1781, se trouvaient les malades les plus agités, ceux que l'on considérait comme dangereux. C'était le quartier de *Saint-Prix*.

Les aliénés sont confinés dans des loges insalubres, exiguës, sans confort

Avant 1789, c'était bien véritablement le lieu des réprouvés de *l'Enfer* du Dante. Les malheureux que l'on y amenait n'en sortaient plus. Abandonnés du monde, méconnus par la société qui les oubliait, ils étaient jetés, les fers aux mains et aux pieds, au fond de loges basses et humides, « où l'on ne voudrait pas même aujourd'hui placer l'animal le moins rare » (rapport fait au Conseil des hospices civils de Paris dans la séance du 13 novembre 1822).

Ces loges, au rez-de-chaussée, et en plusieurs endroits, suivant les accidents du terrain, en contrebas du sol, n'avaient pas deux mètres carrés en œuvre. Elles ne recevaient de jour et d'air que par la porte, car le seul guichet dont elles étaient percées pouvait à peine servir à passer les aliments. Les planches qui composaient les couchettes étaient scellées dans le mur ; et l'infortuné qui n'avait pour tout meuble que ce grabat couvert de paille, se trouvant pressé contre la muraille de la tête, des pieds et du corps, ne pouvait goûter de sommeil sans être mouillé par l'eau qui ruisselait de cet amas de pierres et sans être pénétré par le froid de cette espèce de glacière. Les taches verdâtres qui tapissaient l'intérieur de ces loges étaient si fortement imprégnées dans les murs que, quel que fût le soin que l'on mit à les gratter et à les charger de badigeon, elles reparaissaient aussitôt. A la Salpêtrière, lors de la crue des eaux de la Seine, en hiver, les loges situées au niveau des égouts devenaient non seulement insalubres mais également un lieu de refuge pour une foule de gros rats, qui se jetaient la nuit sur les malheureuses qu'on y enfermait : à la visite du matin, on a trouvé des folles, les pieds, les mains et la figure déchirés des morsures souvent dangereuses dont plusieurs sont mortes.

Des gardiens railleurs faisant figure de tortionnaires

Les malades agités étaient ficelés avec de grosses cordes. On chargeait de fers leurs pieds et leurs mains, on les enchaînait même par le cou. A l'exception de quelques cellules dans lesquelles se trouvait un lit scellé dans le mur, dans les autres, les lits étaient remplacés par des auges également scellées, et qui n'avaient point 0,70 m de largeur.

Le coucher de ces malheureux se composait de paille de seigle, d'une paire de draps, de deux vieilles couvertures et d'un traversin ; encore quelques-uns n'avaient-ils ni draps ni couverture. La paille, rarement renouvelée, se pourrissait promptement, et dans cette loge devenue un cloaque infect et fangeux, les aliénés vivaient privés d'air, de lumière et de feu (les registres de Bicêtre mentionnent plusieurs aliénés morts de froid dans leur loge), livrés sans défense à la merci de leurs infirmiers, et quels infirmiers, des malfaiteurs sortis de la prison !... Ces gens de service spéculaient avec une rapacité effrayante sur la curiosité malsaine des nombreux visiteurs qui, à cette époque, se rendaient à l'hospice.

Institutions

L'origine des asiles

La folie n'a pas toujours été considérée comme une maladie, et l'on est étonné de voir pendant combien de temps les malheureux qui en étaient atteints, ont pu être privés de soins. L'antiquité, imbue des principes du paganisme, y voyait l'intervention de la divinité, d'où une sorte de vénération pour les aliénés, recueillis et traités dans les temples. Quand vinrent les médecins célèbres, on reconnut qu'il y avait là un mal curable, et alors naquit la réputation de l'île d'Anticyre, qui produisait l'ellébore, dont on se servait pour la guérison des fous.

La législation Romaine s'occupa de sauvegarder la société des dangers résultant de la divagation des aliénés, et plusieurs textes nous montrent que les magistrats étaient chargés de les faire enfermer, en cas de péril public. Quant aux biens, un curateur était chargé d'en prendre soin. Non seulement on prenait soin du « furiosus », de celui qui n'avait plus l'usage de la raison, mais encore du « mente captus », c'est-à-dire de celui auquel la faiblesse de ses facultés rendait impossible l'administration de ses affaires.

Cependant, bien qu'on ait reconnu dans la folie une maladie dont la guérison n'était pas impossible, le sort de ceux qui en étaient atteints ne s'améliora pas. Dans les époques suivantes, sous l'action du christianisme, on trouve quelques couvents qui recueillaient les aliénés, mais aucune organisation ne réglait leur situation. C'est en Orient qu'on voit les premières maisons de séquestration. On trouve, dans *Léon l'Africain,* la nomenclature de divers hôpitaux qui existaient à Feez, en Afrique, pendant le septième siècle. Notre pays était bien en retard, car, au Moyen Age, l'ignorance et les préjugés y font encore regarder les fous comme des êtres inspirés, ou, le plus souvent, comme des possédés du démon. Peu à peu, les établissements religieux en reçurent quelques-uns, et ce fut le commencement des asiles.

Au seizième siècle, un établissement existait à Marseille, et, vers le même temps, un autre s'éleva à Avignon. Au dix-septième siècle, les hôpitaux généraux furent organisés et on réserva une partie de chacun d'eux aux aliénés dangereux. En 1660, le Parlement, par un arrêt, ordonna que les fous seraient reçus à l'Hôtel-Dieu. A la même époque, on les recevait aux *Petites-Maisons,* situées sur l'emplacement de l'ancien hospice des Ménages ; à Charenton, à Bicêtre et à la Salpêtrière. Toutefois, ils n'étaient pas tous placés dans des maisons spéciales et il y en avait encore dans les prisons, mêlés aux criminels. En 1700, Howard s'éleva énergiquement contre cette coutume barbare, ses paroles rencontrèrent un écho, et Louis XVI, en 1785, traça des règles, pour le traitement des aliénés. Cette tentative eut peu de succès et, en 1789 leur sort était encore déplorable.

En 1792, l'influence de Pinel, qui s'occupa principalement de Bicêtre et y opéra de bienfaisantes transformations, le fit améliorer. Mais aucune loi n'était encore intervenue, qui réglât la position faite aux aliénés, et, il faut arriver à 1838 pour trouver un document à peu près complet. Jusque-là, des dispositions éparses, traitant de points séparés, mais rien de définitif ne se rencontre. La loi des 16-26 mars 1790, dans son article 9, contenait une mesure commandée par les abus antérieurs : « Les prisonniers détenus pour cause de démence, seront, pendant l'espace de trois mois, à compter du jour de la publication du décret, à la diligence de nos procureurs, interrogés par les juges, dans les formes usitées, et, en vertu de leurs ordonnances, visités par les médecins, qui, sous la surveillance des directeurs des districts, s'expliqueront sur la véritable situation des malades, afin que, d'après la sentence qui aura statué sur leur état, ils soient élargis ou soignés dans les hôpitaux indiqués à cet effet. » ■

D'APRÈS... **Histoire de la médecine légale** paru en 1880

Des gardiens vendaient de petits ouvrages de paille confectionnés par les fous, d'autres excitaient les malades pour les rendre furieux et leur faire commettre des actes extravagants, réprimés plus tard par des coups. On cite un gouverneur du septième emploi qui, pour rendre sa place plus lucrative, avait établi dans une loge une petite mécanique représentant le tremblement de terre de Lisbonne, qu'il montrait moyennant rétribution.

Le nombre des aliénés excédait presque toujours celui des loges, la plupart du temps ils couchaient par deux. Point de veilleuses dans ces bouges, aucun réverbère même dans le quartier. Été comme hiver, les veilleurs fai-

Le Pont Notre-Dame, l'Hôtel-Dieu et le Petit Châtelet, au XVIIIe siècle

saient des rondes, la nuit, une lanterne à la main, se promenant devant les cellules, épiant à travers les guichets ce qui se passait à l'intérieur. Les insensés paisibles couchaient en dortoir, dans de grands lits, au nombre de quatre, cinq et six par lit, suivant l'encombrement plus ou moins grand de l'emploi.

Les couchettes à un seul homme étaient réservées à ceux qui payaient pension. Plus heureux que les fous des loges, ceux-ci étaient chauffés, et, dans la journée, avaient la faculté de se promener dans les cours intérieures de la section. Le huitième environ des aliénés était amené à Bicêtre par ordre du roi contresigné du ministre dans le département duquel ils résidaient. Une grande partie était envoyée par ordre du procureur général et venait de province ; un quart environ par ordre du lieutenant général de police venait de Paris ; quelques-uns, par arrêt du parlement ; d'autres, par sentence de la prévôté de l'hôtel du roi ; d'autres enfin par le bureau de l'Hôpital Général ou de l'Hôtel-Dieu.

Des insensés vêtus de hardes, non soignés, enchaînés

Dès leur arrivée à Bicêtre, ils étaient interrogés et conduits à leur destination. On leur ôtait leurs habits et on leur donnait l'uniforme de la maison. Cet uniforme consistait en un frac, une culotte de tiretaine grise, des bas et un bonnet de laine et des sabots. Les habits neufs étaient donnés aux aliénés calmes, les autres étaient vêtus des défroques des pauvres et des prisonniers. En général, ces vêtements usés se détérioraient promptement ; indépendamment de l'agitation du malade, l'humidité des loges et la quantité innombrable de rats qui circulaient dans ces localités y contribuaient beaucoup.

On évalue à un cinquième environ, le nombre des malades qui lacéraient leurs habits et restaient nus. Quelques-uns se vêtaient d'une manière bizarre sans qu'on songeât à les en empêcher. En 1789, un fou, nommé Houbigan, avait la manie de se croire femme et en portait continuellement le costume. On le nommait Mme Houbigan. Aucun remède ne leur était donné contre leur état de folie. Pour toute nourriture, ils recevaient six quarts de pain bis par jour, la soupe taillée sur leur pain : un quart de viande, réduite à moitié étant cuite, les dimanches, mardis et jeudis ; le tiers d'un litron de pois ou de fèves les lundis et vendredis ; une once de beurre les mercredis ; une once de fromage, les samedis. La nourriture des aliénés payant pension variait selon le prix payé.

Les vivres étaient distribués journellement : le pain à cinq heures du matin ; la soupe et le vin des pensionnaires à six heures et demie en été, à sept heures en hiver. Le dîner des pensionnaires était servi à dix heures et demie, leur souper à deux heures et demie de l'après-midi, ainsi que les portions de viande et de légumes des autres malades. Les aliments étaient préparés à la cuisine générale de la maison. Ils étaient distribués aux insensés

La Salpêtrière en 1822

par une fille de service du bâtiment neuf, dans des sébilles en bois que l'hospice fournissait, ainsi que les cuillères en bois. Tous les jours après la distribution de la soupe, le gouverneur, accompagné des garçons de service, faisait une visite aux loges et aux dortoirs, s'assurait que rien n'y manquait, jugeait en même temps de l'état des mala-

Le premier aliéné « libéré » par Philippe Pinel

Pinel, nommé depuis quelque temps médecin en chef de Bicêtre, avait déjà sollicité plusieurs fois, mais inutilement, l'autorisation de supprimer l'usage des fers dont étaient chargés les furieux. Il prend enfin le parti de se rendre lui-même à la Commune de Paris, et là, répétant ses plaintes avec une chaleur nouvelle, il exige la réforme d'un traitement si monstrueux. « Citoyen, lui dit un des membres de la Commune, j'irai demain à Bicêtre te faire une visite, mais malheur à toi si tu nous trompes et si tu recèles les ennemis du peuple parmi tes insensés. » Le membre de la Commune qui parlait ainsi était Couthon qui, arrivant le lendemain à Bicêtre, ne recueille que des injures ou même de sanglantes apostrophes, et n'entend, au milieu de cris confus et de hurlements forcenés, que le bruit glacial des chaînes qui retentissent sur des dalles dégoûtantes d'ordures et d'humidité. Fatigué bientôt de la monotonie de ce spectacle et de l'inutilité de ses recherches, Couthon se retourne vers Pinel : « Ah çà,

Pinel faisant tomber les chaînes des aliénés

citoyen, lui dit-il, es-tu fou toi-même, de vouloir déchaîner de pareils animaux ? – Citoyen, lui répond celui-ci, j'ai la conviction que ces aliénés ne sont si intraitables que parce qu'on les prive d'air et de liberté, et j'ose espérer beaucoup de moyens tout différents. – Eh bien ! fais-en ce que tu voudras, je te les abandonne ! Mais je crains bien que tu ne sois victime de ta présomption. » Maître désormais de ses actions, Pinel commence dès le jour même son entreprise. Il se décide à n'en déchaîner que douze, pour le premier essai : la seule précaution qu'il croit devoir prendre est de faire préparer un nombre égal de camisoles. Le premier auquel Pinel s'adresse est le plus ancien dans ce lieu de misère : c'est un capitaine anglais, dont personne ne connaît l'histoire, et qui est là enchaîné depuis quarante ans. Il est regardé comme le plus terrible de tous les aliénés ; ses gardiens ne l'approchent qu'avec circonspection, depuis que, dans un accès de fureur, il a frappé, d'un coup de ses menottes, un des servants à la tête, et l'a tué sur place. Il est garrotté avec plus de rigueur encore que les autres ; cette rigueur et l'abandon complet auquel elle le condamne ne font qu'exaspérer son caractère, naturellement furieux.

Pinel entre seul dans sa loge et l'aborde avec calme : « Capitaine, lui dit-il, si je vous faisais ôter vos fers, et si je vous donnais la liberté de vous promener dans la cour, me promettriez-vous d'être raisonnable, et de ne faire de mal à personne ? – Je te le promets. Mais tu te moques de moi, ils ont tous trop de peur et toi aussi... – Non certes, je n'ai pas peur, puisque j'ai six hommes pour me faire respecter, s'il le faut. Mais croyez à ma parole, devenez confiant et docile ; je vous rendrai la liberté, si vous vous laissez mettre ce gilet de toile à la place de vos chaînes si pesantes. » Le capitaine se prête de bonne grâce à tout ce qu'on exige de lui, mais en haussant les épaules et sans articuler un mot. Après quelques minutes, ses fers sont complètement détachés et l'on se retire en laissant la porte de sa loge ouverte. Plusieurs fois il se lève sur son séant, et retombe ; enfin au bout d'un quart d'heure, il parvient à se tenir en équilibre, et, du fond de sa loge obscure, il s'avance en chancelant vers la porte. Son premier mouvement est de regarder le ciel, et il s'écrie en extase : « Que c'est beau !!! » Pendant toute la journée, il ne cesse de courir, de monter les escaliers, de les descendre, en disant toujours : « Que c'est beau ! que c'est bon !!! » Le soir, il rentre de lui-même dans sa loge, dort paisible sur un lit meilleur qu'on a préparé, et, durant deux années qu'il passe encore à Bicêtre, il n'a plus d'accès de fureur, il se rend même utile dans la maison, en exerçant une certaine autorité sur les fous, qu'il régente à sa guise, et dont il s'établit comme le surveillant. ■

D'après... Histoire de Bicêtre paru en 1890

Institutions

Philippe Pinel (1745-1826)

des et entendait leurs plaintes.

Regardés comme des êtres inutiles et dangereux, à la moindre tentative d'évasion roués de coups, tués même par leurs gardiens, surveillés par une garde militaire de soixante hommes, recrutés et soldés par l'administration, ces malheureux étaient, pour la plupart, condamnés à une réclusion perpétuelle dans le quartier de Saint-Prix. On ne faisait alors aucune différence entre un fou et un criminel. Un indigent de l'hospice était-il rebelle à la discipline, avait-il commis quelque acte répréhensible, un prisonnier était-il d'un caractère trop indompté, on le mettait deux ou trois heures au carcan, puis on le faisait passer à Saint-Prix. La chaîne dont on faisait un si déplorable usage, loin de calmer les aliénés, les excitait et entretenait chez eux une agitation souvent poussée jusqu'au paroxysme de la fureur, d'autant plus que ce système de répression était appliqué sans discernement et avec une brutalité extrême.

Pinel, l'homme providentiel qui met un terme à la barbarie

Pinel parut. Nommé médecin en chef de la division des aliénés le 11 septembre 1793, malgré les préjugés, malgré les craintes, n'ayant pour auxiliaires que la bonté et la justice, il fit tomber les fers de ces pauvres gens. Il les rendit à une liberté relative, les assimilant aux autres malades et les traitant avec douceur et compassion. Une amélioration inespérée suivit cette mesure, qu'on avait jusque-là regardée comme impossible et funeste. Les fous furieux qui, chaque mois, brisaient des centaines d'écuelles en bois, renoncèrent à leurs habitudes de violence et d'emportement ; d'autres, qui déchiraient leurs vêtements et se complaisaient dans la plus sale nudité, devinrent propres et décents. Le calme et l'harmonie succédèrent au tumulte et au désordre.

A dater de cette époque commença la série des améliorations dans le traitement des insensés. Et cependant, de nombreux obstacles vinrent paralyser les efforts de l'homme courageux qui avait entrepris cette œuvre philanthropique. Il ne se laissa pas abattre cependant ; il se raidit contre les difficultés et les surmonta. Il avait auprès de lui un fidèle collaborateur, un serviteur intelligent et zélé, Jean-Baptiste Pussin, surveillant de l'emploi, qui, « bravant les appréhensions et les clameurs, avait osé détacher les fers de quelques malheureux ». Secondé par Pussin, Pinel vainquit les résistances de l'habitude et les préjugés vulgaires. Le premier il eut l'idée de mettre à profit les forces des aliénés, de multiplier pour ces malheureux les moyens de travail et d'exercice du corps.

Deux années après sa nomination de médecin à Bicêtre, il était appelé par l'administration à la Salpêtrière en qualité de médecin en chef du quartier des folles. Fidèle à son chef de service, Pussin alla rejoindre Pinel à la Salpêtrière, et, comme à Bicêtre, il l'aida à rendre à la liberté les aliénées enchaînées dans des cachots à vingt mètres au-dessous du sol, et qui l'hiver grelottaient, ayant les pieds gelés ou rongés par les rats, à demi nues, le cœur ulcéré, dévorées par la haine de leurs bourreaux et l'imagination surexcitée encore par le traitement odieux qu'on leur faisait subir. La nouvelle administration s'occupa de donner à la médecine des locaux appropriés à ses besoins. Elle fit cesser la promiscuité effrayante qui n'avait cessé de régner pendant plus d'un demi-siècle, elle substitua l'ordre à la confusion et prépara aux successeurs de Pinel la large voie de la régénération et du progrès. ■

D'APRÈS...
> *Histoire de Bicêtre* paru en 1890

Diminution alarmante du poisson en 1897

Le poisson diminue dans la mer du Nord. Ce phénomène vient d'être confirmé par nos pêcheurs qui observent particulièrement cette année une diminution de dimension dans le poisson, de sorte que l'on n'apporte plus généralement que du menu poisson sur le marché de Geestmünde. Ce n'est pas seulement dans les soles que l'on a constaté la réduction de taille, mais également dans l'aigrefin qui subit le même sort, et les premières tailles de ce poisson deviennent de plus en plus rares. Les voyages de vapeurs de pêche n'ont pas été d'un grand rapport non plus cette année ; ainsi, quatre de ces vapeurs partis il y a quelques jours, pour une tournée de 8 à 10 jours, n'ont rapporté de leur voyage que 14 000 livres d'aigrefin en tout.

La diminution de l'aigrefin provient de ce que les pêcheurs d'Helgoland poursuivent ce poisson plus que précédemment. Ces pêcheurs ne font que la pêche à la ligne, et, il y a quelques années seulement, il n'était pas rare pour eux de capturer jusqu'à 100 grands aigrefins à proximité de leur île, alors qu'ils sont aujourd'hui obligés de se contenter souvent de résultats très insignifiants. Il est un fait aujourd'hui constaté et généralement admis, que la réduction de taille des soles et aigrefins provient des abus de pêche exercés dans la mer du Nord, et cela particulièrement par les vapeurs de pêche et, parmi ceux-ci, par les vapeurs anglais ; il serait à désirer que des mesures fussent prises, en des réunions internationales, pour enrayer à temps le mal de cet état de choses. ■

D'APRÈS... *Revue maritime* paru en 1897

La France pittoresque

Vous avez dit bizarre ?

Les RUISSEAUX de Paris en temps de pluie

Vers 1780, Mercier, l'auteur du *Tableau de Paris*, demandait de toutes ses forces « des trottoirs comme à Londres » ; pendant tout le reste de sa vie il n'a cessé de les réclamer, et il est mort en 1815, en ayant guère pu voir que des échantillons. Depuis lors on les a multipliés, et le piéton peut actuellement circuler dans toute la ville, sans patauger dans la boue et sans craindre les essieux des voitures qui rasaient autrefois les maisons en causant force accidents.

En temps de pluie. Gravure de 1791

Cette importante amélioration, poursuivie surtout depuis 1830, en a entraîné une autre : le déplacement des ruisseaux. Aujourd'hui, la chaussée divise en deux les eaux de pluie qui ont lavé la rue, et elle les rejette des deux côtés, le long des trottoirs, où l'eau pure des fontaines délaye les boues, et les entraîne dans les bouches d'égout très rapprochées les unes des autres. Une magnifique canalisation souterraine règne sous Paris et débarrasse rapidement la ville de ses immondices. Mais lorsque Mercier publiait son *Tableau de Paris* (1781-1788), le ruisseau unique, placé au milieu de la rue, avait un très long parcours à faire avant de rencontrer les soupiraux par lesquels il se déversait dans des égouts étroits et rares. On attendait les grands jours de pluie pour nettoyer à fond la voie publique. Par conséquent, à la moindre averse, les ruisseaux grossissaient à vue d'œil ; ils envahissaient en un instant plus de la moitié de la largeur des rues. Impossible de les franchir, à moins d'avoir les jarrets d'un clown. Il fallait donc les traverser en entrant dans l'eau jusqu'à mi-jambe, si on n'avait la chance de rencontrer une de ces planches branlantes que posaient de loin en loin des concierges ou des officieux. Parfois même on passait le torrent fangeux à dos d'homme, en s'asseyant sur une chaise attachée aux crochets d'un vigoureux commissionnaire.

Mais les tribulations des passants ne se bornaient pas à mettre leurs pieds et leurs jambes dans l'eau, ils avaient à défendre leur tête et leurs épaules contre les gargouilles qui lançaient leurs jets puissants tantôt sur un point de la route et tantôt sur un autre, selon la force d'impulsion et les variations du vent, Mercier proposait déjà d'obliger les propriétaires à mener leurs eaux jusqu'au bas des maisons au moyen de tuyaux placés sous la gouttière. Notre gravure, faite en 1791, et publiée dans une collection destinée à illustrer le *Tableau de Paris*, représente le spectacle que donnait alors la rue dans un jour d'averse. « Rien ne doit plus divertir un étranger, disait Mercier, que de voir un Parisien sauter les ruisseaux avec une perruque à trois marteaux, des bas blancs et un habit galonné ! Pourquoi les piétons ne s'habillent-ils pas conformément à la boue et à la poussière ? »

Si Mercier revenait aujourd'hui il aurait la satisfaction de voir le pantalon et la botte remplacer les culottes courtes et les bas blancs, de manière à braver la pluie et la boue ; il verrait les eaux des toits arriver dans le ruisseau en descendant le long des murs sans perte d'une goutte, et les eaux de la rue disparaître rapidement sous les trottoirs ; enfin, il, admirerait comment une simple jardinière, au sortir de la halle où elle a vendu ses légumes, trouve à sa disposition de belles voitures suspendues, avec des sièges rembourrés, qui la reconduiront chez elle pour le prix d'un ou de deux paquets de carottes ; plus heureuse qu'autrefois le pauvre diable de littérateur de notre gravure, logé au faubourg Saint-Jacques, et qui est obligé de franchir les ruisseaux pour gagner à force de gambades sous l'averse et les éclaboussures, l'hôtel de l'amphitryon qui l'a invité à dîner au faubourg Saint-Honoré. ■

*D'APRÈS... **Le Magasin pittoresque** paru en 1872*

VISION d'une procession prodigieuse

Voici ce qui est survenu près de Bellac. Les chroniques rapportent que dans une plaine spacieuse, sans habitation, trois hommes, allant de compagnie, aperçurent trois hommes vêtus de noir, inconnus aux témoins, et tenant chacun une croix à la main. Après eux, marchait une troupe composée de jeunes filles, vêtues de longs manteaux de toile blanche, ayant les pieds et jambes nus, portant sur leurs têtes des chapeaux de fleurs. A ces chapeaux pendaient par derrière, jusque sur les talons, de grandes bandes de toiles d'argent ; tenant en leur main gauche quelques rameaux, et de la main droite, comme un vase de faïence, d'où sortait un peu de fumée. Après ces filles, venait une dame habillée en deuil, vêtue d'une robe noire fort longue, traînant par derrière sur la terre. Cette robe était toute de cœurs percés de flèches, ruisselant de larmes, respirant de flammes. Les cheveux de la dame étaient épars sur ses habits ; elle tenait en sa main comme une branche de cèdre. Sous ce costume, elle cheminait toute triste. A sa suite, s'avançaient six petits enfants, portant une longue robe de taffetas vert, parsemée de flammes semblables à du satin blanc. Ils avaient de gros flambeaux allumés ; leurs têtes étaient couvertes de chapeaux de fleurs. Ceci n'est encore rien ; car ensuite arrivait un très grand nombre de gens tous vêtus de blanc et de noir. Ils marchaient deux à deux ; leur habillement représentait plus de joie et de plaisir que les quatre premiers rangs. Ils avaient aussi des chapeaux de fleurs sur leurs têtes, et portaient à la main des bâtons blancs. Au milieu de la troupe, figurait comme une déesse, très richement vêtue, ayant sur sa tête une grande couronne de fleurs ; ses bras étaient retroussés ; elle tenait dans ses mains une belle et grande branche de cyprès, remplie de petits écriteaux qui pendaient de tous côtés. A l'entour

Allégorie de la peste (XVe siècle)

de la déesse, il y avait comme des joueurs d'instruments, qui toutefois n'exécutaient aucun air. A la fin de cette procession, étaient huit hommes, tout nus jusqu'à la ceinture, ayant le corps entièrement couvert de poils ; leur barbe tombait jusqu'à la ceinture ; des peaux de chèvres couvraient le reste de leur corps. Ils tenaient en leurs mains de grosses masses ; et, comme tout furieux et en colère, ils suivaient de loin la troupe.

La date de cette apparition est le 15 avril 1620 ; elle se renouvela six jours. Bien des gens braves de la contrée affirmaient l'avoir vue plusieurs fois. Une peste survint dans le pays. ■

*D'APRÈS... **Le Magasin pittoresque** paru en 1872*

Métiers — XIᵉ >>> XVIIIᵉ

Les ARRACHEURS de dents sévissant des siècles durant

Le nom est moderne, la profession est vieille comme le monde, mais ce n'est que vers le milieu du XVIIIᵉ siècle que le nom de *dentiste* entre dans l'usage. Jusque là on désignait le praticien, le chirurgien dentaire, par le mot d'*arracheur*, souvent de charlatan, quelquefois aussi par le qualificatif d'*empirique*, mot moins malsonnant alors qu'il ne le serait aujourd'hui.

Très anciennement la dent s'enlevait comme on pouvait ; elle était la cause de souffrances intolérables, soit qu'on employât les mille onguents débités à vil prix par les *herbiers* ou les *mires*, médecins ambulants courant les villes et les champs, soit qu'on prît soi-même une pince « pour soy aidier ». Les plus crédules avaient recours aux moyens surnaturels, aux prières, aux sorts, aux secrets. Certaine omelette faite d'œufs frais et de petits papiers cabalistiques, guérissait à la fois de la rage et du mal de dents ; le mot rage de dents ne seraitil point une assimilation fort ancienne entre les deux maladies guéries par les omelettes ?

Un arracheur de dents. D'après Gérard Dow

Briser une dent est passible de punition ; les arracher, un moyen d'intimidation

C'était au Moyen Age une chose du plus haut prix que la dent d'un homme, et l'on punissait celui qui brisait une dent aussi rigoureusement que celui qui cassait un bras. On spécifiait soigneusement dans la procédure qu'il y avait eu dent brisée ; les experts étaient entendus, ils pesaient le cas, racontaient longuement l'histoire de la brisure, partielle ou totale, verticale ou horizontale, et le juge prononçait d'après eux. On pense que ces experts devaient être soit des « mires » renommés dans les maladies dentaires, soit des chirurgiens habiles et jurés. Les vieux registres du Parlement ont conservé plusieurs procès de ce genre : nous ne citerons que pour mémoire celui de ce Guillaume qui de gaieté de cœur fit arracher les dents à des prisonniers enfermés par lui au château de Saint-Venant, en 1318. Qui avait arraché les dents ? un dentiste ou le bourreau ? L'histoire ne le dit point.

Ce fut là d'ailleurs un moyen d'intimidation ou de vengeance fort usité entre le XIᵉ et le XIVᵉ siècle. On connaît l'histoire de ce juif de Bristol à qui Jean sans Terre fit enlever dent après dent pour obtenir de lui des subsides. A la fin le malheureux supplicié, vaincu par la souffrance, indiqua la cachette où dormait son trésor ; il perdit du même coup sa fortune et sa dernière dent. Ce procédé barbare s'employait comme sanction de certains délits contre la loi religieuse ; le fait d'avoir mangé de la chair en carême entraînait la perte des dents. Le juge appelait le mire, et, séance tenante, les dents, agents du délit, étaient jetées à la poussière des chemins. En Auvergne, on en agissait de même avec les voleurs de raisin ; ils n'obtenaient leur grâce que moyennant argent comptant.

Si nous citons ces exemples, c'est qu'ils sont les seuls qui aient quelque rapport avec la profession dont nous essayons ici la courte histoire. Nous apprenons même, par quelques-uns de ces faits, que le fer servant à l'opération, se nommait la *dentaire*, *dentaria* en latin, dont l'argot de métier fit plus tard le *pélican*. A en juger par divers récits, la méthode était primitive ; il n'était point sans exemple qu'un praticien eût enlevé du même coup la dent et la mâchoire.

Les pratiques tant dangereuses que lucratives se multiplient

Confondus avec les chirurgiens, dont ils faisaient d'ailleurs partie pour la plupart, les arracheurs de dents furent, au XIIIᵉ et au XIVᵉ siècle, retenus par diverses mesures prohibitives émanées de l'autorité centrale et visant plus directement la thérapeutique généralement employée alors. En 1311, une ordonnance portait que pour mettre un terme aux déprédations de certains tire-laine, pseudo-guérisseurs, affublés d'oripeaux de « mires » ou d'arracheurs de dents, et tirant à la fois les dents et la bourse des gens simples, il serait désormais enjoint aux chirurgiens de se pourvoir de maîtrise et de titres suffisants pour exercer la médecine. Cinquante-trois ans plus tard, en 1364, Charles V, enchérissant sur ces sages mesures, enjoignait de brûler toutes les bannières des praticiens non pourvus de maîtrise et les affiches mensongères par lesquelles ils en imposaient aux naïfs.

A Paris, où les empiriques se trouvaient sous l'autorité directe et immédiate du prévôt, assez habitué aux gens de cette sorte, il était sans grand danger que leur nombre s'accrût. Une ordonnance royale les frappait au moment opportun, et ils disparaissaient pour un demi-siècle. Dans les provinces le mal était pire. En dépit de la permission des autorités qu'ils étaient tenus de solliciter pour exercer leur industrie, il arrivait que l'ignorance de ces gens rendait à la fois leur métier plus lucratif et leurs pratiques plus dangereuses. En 1404, le scandale fut tel à Carcassonne que le roi dut rendre une ordonnance sévère : dans cette ville comme à Paris, nul ne devait exercer sans grade. Par les gens infimes auxquels était laissé le soin d'arracher les dents, il est facile de juger que le métier ne comptait guère alors dans la hiérarchie des connaissances humaines.

XVIIe siècle : l'âge d'or des charlatans appâtant avec brio le chaland

Jusqu'au XVIe siècle, toutes les vieilles théories, les méthodes les plus insensées, eurent cours. Si l'on ne se confiait plus couramment aux omelettes curatives, il faut reconnaître que plusieurs praticiens n'osaient point encore attaquer de front cette recette biscornue. Hémard lui-même, dont nous allons dire un mot, Hémard, un demi-savant, un chirurgien presque émérite, ne parle qu'avec circonspection de la question brûlante « à sçavoir si on peut guérir la forte douleur des dents, par billets et par charmes ».

Tel était, à la fin du XVIe siècle, l'état de la chirurgie dentaire : nous employons à dessein ce terme, parce que nous trouvons dans Hémard autre chose qu'un arracheur de dents, et mieux qu'un opérateur habile. Chirurgien du cardinal d'Armagnac qui parvint à l'extrême vieillesse sans maladies, Hémard n'eût eu qu'une douce sinécure sans les maux de dents qui revenaient par intervalle rendre le vieux cardinal aux trois quarts fou de douleur. Aussi, comme après ces accès qui le brisaient le prélat voulait connaître « les raisons d'une si forte douleur, et des autres propriétés qui se trouvent es dens plus que aux autres os », Hémard composa son traité de la *Vraye anathomie des dents* (1582), et pour donner plus de poids à ses élucubrations, il les dédia à son maître.

On ne rompt point aisément avec la routine, et Hémard dut subir les Fourches-Caudines des

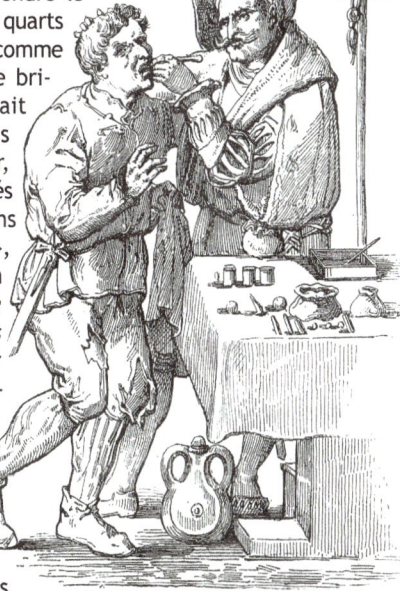

Le dentiste. D'après Lucas de Leyde

Recettes de 1685 contre la rage de dents

« Comme c'est un mal bizarre, il faut avoir en main plusieurs remèdes, et les expérimenter tous : car enfin il s'en trouvera quelqu'un qui soulagera. J'ai néanmoins mis ici ceux que j'ai cru les plus propres et les plus spécifiques », peut-on lire dans un recueil de 1685.

— **Prenez du bois** appelé frêne, ôtez-en la première écorce ; après brûlez la seconde, et de la cendre de cette seconde écorce mêlée avec de l'eau de vie, formez-en comme un emplâtre que vous appliquerez sur la tempe du côté malade.

— **Ayez du vitriol de Chypre**, tenez-en un peu dans la bouche pendant l'espace d'un *Ave Maria* à dire, et frottez-en la gencive de la dent qui fait mal.

— **Faites bouillir de l'alun** avec de l'eau, trempez du coton dans cette eau, et appliquez-le sur la gencive changeant souvent.

— **Prenez des feuilles de persil** et de cerfeuil : mettez-les sur une poêle, et amortissez-les sur le feu. Appliquez ensuite ces feuilles sur l'oreille du côté de la douleur aussi chaudement qu'il se pourra.

— **Un remède presque infaillible.** Prenez deux onces de sucre pulvérisé, demie once de feuilles de millefeuilles séchées et pulvérisées : mêlez cela ensemble pour l'usage suivant. Prenez demie once de cette poudre, mêlez-la avec une once et demie de miel : frottez de ce miel toutes les gencives dessus et dessous, dedans et dehors la bouche, fort souvent pendant le jour, et sur le soir à l'entrée du lit, continuant de faire ainsi pour le moins pendant trois jours, quand même vous en seriez soulagé dès le premier jour.

— **Mettez une poignée de sauge** nouvellement cueillie sur une poêle rougie au feu, jetez-y peu à peu du meilleur vinaigre, et une demie poignée de sel, le tout étant à demi confit et mélangé, vous le mettez entre deux linges, et l'appliquerez sur la joue malade, le plus chaudement que vous pourrez, ne prenez pas l'air, et réitérez ce remède de six en six heures, principalement après avoir été saigné, et après avoir pris un lavement ou deux.

— **Pour arrêter le sang des gencives** après avoir arraché la dent gâtée. Quelquefois après que l'on se soit fait arracher quelque dent, il s'ensuit une grande hémorragie ou flux de sang, qu'on a peine de l'arrêter : pour lors servez-vous du remède suivant. Prenez un peu de vitriol en poudre, mêlez-vous avec autant de sang de dragon, c'est une drogue qu'on trouve chez les droguistes, et avec du coton appliquez cette poudre sur la gencive, l'y laissant fermé jusqu'à ce que le sang soit arrêté. La recette contre la douleur des dents, de l'alun bouilli dans l'eau, est aussi souveraine. ∎

anciens errements. Il eût été périlleux de ne parler que raisonnablement, car ce langage eût froissé les charlatans des bourgades, et, qui pis est, les charlatans déguisés des grandes villes. Aussi se sert-il des formes habituelles en traitant du présage à tirer des dents : « Quand les dents oilhères de dessus sont doubles du costé gauche, c'est signe de mauvaise fortune », et ne discute-t-il que fort respectueusement « l'œuvre de ceux qui par l'invocation des daemons semblent arrester le cours des choses naturelles et forcer à leur volonté ». Venus d'Italie avec leur cortège de musiciens, de clients dorés aux coutures, certains charlatans en imposaient merveilleusement. Il faut penser que l'histoire de la dent d'or du jeune paysan silésien dut servir à quelqu'un de ces fantoches ridicules, car bien que venue en droite ligne d'Allemagne et traduite par un Français. Il semble que ce soit là un conte de fée directement éclos dans le cerveau fécond d'un Hieronymo Orvietano quelconque.

On comprend ce que de semblables histoires, débitées avec sang-froid du haut d'une voiture, pouvaient sur

Métiers

L'Arracheur de dents

les badauds bayant aux corneilles. Dès l'époque de la dent d'or, c'est-à-dire vers 1594 environ, l'art dentaire est absolument passé aux opérateurs forains, aux seigneurs empanachés qui, armés d'un sabre, d'un éperon, d'une faux ou d'une clef, extirpent sans douleur les molaires et les incisives les plus récalcitrantes. Thomas Sonnet de Courval, dans sa *Satyre contre les charlatans*, nous dévoile quelques-unes des pratiques de ces empiriques débitant de tout, pour tout, et partout, non sans succès d'ailleurs, en dépit de la pointe ironique et dédaigneuse du satirique. « Sous le voile de charité, affirme Courval, et pour s'achalander et se mettre en crédit, il tiroit et arrachoit les dents de ceux qui en voulaient faire tirer, sans prendre aucun argent de sa peine, usant à cette fin d'un grand et merveilleux artifice de les tirer et arracher sans exciter aucune douleur, ny mesme sans user d'aucun instrument ou *pelican*, que de ses deux doigts, à savoir le poulce et l'index. Mais, pour descouvrir la tromperie et la trouver en son giste, avant que d'arracher la dent que le patient vouloit faire oster, il la touchoit de ses deux doigts au bout de l'un desquels il mettoit subtilement, en babillant, un peu de poudre narcotique ou stupéfactoire pour endormir et engourdir la partie afin de la rendre stupide et sans aucun sentiment, et à l'autre doigt il mettoit une pouldre merveilleusement caustique, laquelle estoit d'opération si soudaine qu'en un moment elle faisoit esquarre et ouverture en la gencive, deschaussant et deracinant tellement la dent, qu'aussi tost qu'il la touchoit de ses deux doigts seulement il l'arachoit, et quelquefois tomboit sans y toucher. »

Courval poursuit et montre le patient, ravagé longtemps après par la fameuse poudre, perdant une à une toutes ses dents. Voilà comment, dit-il en manière de péroraison, « il est beaucoup plus périlleux aux hommes de tomber entre les mains des empiriques et charlatans qu'entre les ongles des corbeaux, d'autant que les corbeaux ne mangent que les morts, et les charlatans les vivants.

*Voilà comme, par eux, les hommes sont tous saincts,
Remis au lendemain du jour de la Toussaincts !*

Ce qu'Hémard avait dit vingt années auparavant devenait de plus en plus vrai : « Quelques-uns, assurait-il, se sont contentez de s'exercer seulement aux opérations de la main sans entrer plus avant en la considération de la méthode thérapeutique, et moins de la connoissance anathomique, sans laquelle rien en nostre art ne peut estre parfaict ny acomply. »

La chirurgie dentaire s'exerce avec force mise en scène

Et de fait, au commencement du XVIIe siècle les forains ont tout absorbé. A part Arnaud Gilles, qui publie, en 1633, la *Fleur des remèdes contre le mal de dents*, et Dupont, qui propose l'un des premiers la *prothèse* en substituant aux dents malades une dent de mort ou de vivant, on peut dire que le vrai dentiste, le seul populaire, le seul connu, c'est l'homme des places, des ponts, tel que nous le montre Roelants ou Lucas de Leyde, avec son large chapeau à médaille, son collier de dents creuses passé en sautoir, et son sévère pourpoint de drap noir. Railleur et souriant, il a glissé dans la bouche du patient le pélican, et, s'appuyant de la main gauche sur le bras de la victime, il *arrache* bien réellement la dent et peut-être bien un peu la mâchoire. Sur la table devant lui s'étalent d'autres instruments de supplice, la gouge, les pinces, les fioles à onguents, les certificats des échevins, les autorisations dûment scellées et dépliées avec abandon. Lui-même il nous dit en vers :

*C'est le plus court d'aller à l'arracheur de dents,
Qui promet les tirer sans douleur de la bouche ;
C'est son art de mentir ; quand sa pince est dedans,
Criez ou non, il prend s'il peut la dent qu'il touche
Pour monstrer qu'en son art il est fort emploie,
Il porte un long collier de dents d'un cimetière ;
Maint privilege auprès de luy est desployé,
Avec ses sceaux, onguents, fers de toute manière.*

Tous ces charlatans n'étaient pas que des arracheurs de dents ; pathologie, thérapeutique, chirurgie, hygiène, tout leur était bon, et sur la petite table en plein vent

Légende de la Dent d'or

Quoique cette histoire paraisse connue de beaucoup de personnes, qui parfois y font allusion dans le cours de la conversation, nous croyons utile d'en rappeler les détails, parce que nous avons eu l'occasion de vérifier qu'un plus grand nombre encore de personnes ne comprennent pas l'allusion, et sourient par complaisance le plus souvent sans savoir ce qu'on a voulu leur dire.

En 1593, le bruit courut que les dents étant tombées à un enfant de Silésie âgé de sept ans, il lui en était revenu une d'or à la place d'une de ses grosses dents. Horstius, professeur en médecine dans l'université de Helmstad, écrivit, en 1595, l'histoire de cette dent, et prétendit qu'elle était en partie naturelle, en partie miraculeuse, et qu'elle avait été envoyée de Dieu à cet enfant, pour consoler les Chrétiens affligés par les Turcs.

Dans la même année, Rullandus écrivit une autre histoire sur cette même dent. Deux ans après, Sugolterus, autre savant, écrivit contre l'opinion qu'avait émise Rullandus sur cet évènement merveilleux ; Rullandus publia aussitôt une longue et véhémente réplique d'une érudition remarquable. Enfin un autre savant, nommé Libarius, résuma tout ce qui avait été écrit sur cet important sujet, et ajouta son avis particulier.

Ces discussions avaient ainsi excité un grand intérêt dans une certaine classe d'érudits, et avaient soulevé de hautes questions de philosophie, lorsqu'un orfèvre s'avisa d'examiner la fameuse dent d'or : il trouva sous une feuille d'or, appliquée avec art, une dent ordinaire. ∎

s'étalaient les choses les plus bizarres et les plus disparates. Mais toujours le collier ou plutôt le chapelet de dents creuses tranchait sur le noir du pourpoint. Daret nous présente un de ces guérisseurs dans une planche éditée au milieu du XVIIe siècle, et celui-ci faisait mieux encore : il courait la clientèle, rendant la santé à domicile et soignant en ville. Ici encore empirique est coiffé d'un large feutre, et porte le collier distinctif des arracheurs, symbole de l'une des branches de son industrie.

Parvenus à un certain degré de célébrité, les arracheurs traînaient à leur suite une curieuse troupe de bateleurs et de saltimbanques dont s'émerveillait la galerie. Aucuns d'entre eux ne dédaignaient point de s'adjoindre les célébrités du théâtre, comme ce Hieronymo dont parle Courval dans sa satire : « Il avoit quatre excellens joueurs de violon qui avoient seance aux quatre coings de son theatre, lesquels faisoient merveilles, assistez d'un insigne bouffon ou plaisant de l'hostel de Bourgogne nommé Galinette la Galina, qui de sa part faisoit mille singeries, tours de souplesse et bouffonneries. » Hieronymo avait mieux fait encore. Il avait dressé dans la cour du Palais une manière de théâtre sur lequel il se hissait, « la grosse chaisne d'or au col », et là « il desployoit les maîtresses voiles de son cajol, et descochoit les mieux empennées fleches qu'il eust eu en la trousse de ses artifices. » Puis, pendant les intermèdes, Galinette la Galina se disloquait sur les coteaux à la grande joie de tout un chacun.

Il est piquant de se rappeler qu'un de ces charlatans à grand spectacle, Cormier, faillit jouer, à Pézenas, au château de Lagrange, de préférence à Molière. Les Méridionaux, eux aussi, pensèrent choisir Barrabas ; c'est Cosnac qui nous apprend ce fait au tome premier de ses Mémoires. Au surplus, Cormier n'était point le premier venu ; mais, comme Brioché, qui versa dans les pupazzi, il passa de bonne heure à ce qui était alors l'art dramatique. Nous n'eussions certes jamais parlé de lui sans l'*Histoire du poète Sibus* (1661), une satire qui le met en scène en sa qualité d'arracheur, et qui peint sous leur aspect vrai les opérateurs dentaires du XVIIe siècle.

Donc, un pauvre diable de poète nommé Sibus, qui devait avoir les dents bien longues si, comme l'affirme Hémard, ceux qui jeûnent ont de grandes dents, se trouva un jour à flâner devant les tréteaux de Cormier. La faim l'amena à servir de compère au charlatan, et Cormier, en homme « honnête », lui proposa 10 sols par dent qu'il se laisserait arracher, pourvu qu'il jurât bien et dûment en public que l'opérateur ne lui avait pas fait le moindre mal. Sibus, qui avait encore assez de dents pour manger ce que la Providence lui envoyait parcimonieusement, consentit à s'en laisser extraire deux pour 20 sols.

L'Arracheur de dents. D'après Roelants

Après une habile mise en scène dans laquelle Sibus, mêlé à la foule, feignit de se vouloir faire accommoder par l'empirique, il grimpa sur les tréteaux et Cormier commença. L'assaut fut si rude que Sibus jura comme un beau diable ; cependant il se remit, et tout en vomissant le sang à flots il assura sur l'honneur que le seigneur Cormier ne lui avait fait pour deux liards de misère. Le public, qui avait entendu jurer le patient, se contenta de dire : « Ouais ! » de rire, et de ne point imiter Sibus. Mais quand le misérable bohème vint réclamer le prix de son martyre, Cormier lui refusa net l'argent promis, et comme un bon procureur lui laissa entendre que les juges seraient pour le charlatan : Sibus n'avait-il pas juré devant cent personnes que Cormier ne lui avait point fait de mal !

A Paris, le Pont-Neuf devient le lieu des « exhibitions dentaires »

Ce fut le pont Neuf qui eut la spécialité de ces exhibitions pendant tout le XVIIe siècle et une grande partie du XVIIIe et les satires, les mémoires, nous ont conservé quelques noms. C'est d'abord Arnaut le dentiste, qui exposait à son tréteau tout le sacré collège, dont il soignait les dents, disait-il. Au milieu du tableau figurait le saint père, avec un emplâtre à la tempe, pour témoigner de la faveur qu'avaient partout ses cataplasmes.

Plus tard apparut Carmeline, un Mangin beau discoureur émerveillant les foules, et vendant gros. Sur son enseigne un fragment de vers latin donnait grande idée de sa science. *Uno avulso non deficit alter*, disait-il avec Virgile, et il traduisait : *Dent remplace dent*, par allusion à ses dents artificielles qu'il proclamait les meilleures. On le voit, la tendance prothétique était déjà marquée vers le milieu du XVIIe siècle. Mais Carmeline était bien autre chose que dentiste ; la politique l'avait mordu, et l'auteur de l'*Agréable récit des barricades* nous le peint affublé d'oripeaux, l'épée au côté, élevant contre le Mazarin sa barrière de râteliers, de mâchoires, de pélicans, d'animaux empaillés, et sur le tout, comme les dragons des Hespérides, deux immenses alligators bourrés de crin et d'étoupes, qui ne contribuèrent pas peu à maintenir la foule à une distance respectueuse.

Brioché, vers 1650, arracha bien quelques dents ; mais, comme nous l'avons dit, son *art* tomba dans la marionnette, le Guignol, pour lequel il était inimitable, et même tellement inimitable, qu'à Soleure, en Suisse, où il était allé montrer ses fantoches, il stupéfia à ce point les braves gens du pays

Le Singe charlatan. D'après Daret

Métiers

qu'ils le voulurent massacrer comme un suppôt du diable. Vers la fin du XVIIe siècle apparut le plus célèbre de tous ces *dentistes*, le grand Thomas. Nous sommes à même de dire quelque chose de nouveau sur celui qu'on appelait indifféremment le *gros Thomas* par allusion à sa corpulence et à sa bonhomie, et aussi le *grand* Thomas par allusion à ses succès.

Thomas voulut être, lui aussi, un homme politique. Bien plus que d'arracher les dents et de mériter le nom de « digne fils d'Esculape » que lui décerne une chanson du temps, Thomas fut jaloux de passer pour un véritable serviteur du roi-soleil. Il eut ses déboires comme tous les loyaux serviteurs. A la naissance du Dauphin, il avait promis un banquet sur le Pont-Neuf à tout le monde, et le lieutenant de police lui avait déjà donné l'autorisation, quand tout à coup elle lui fut retirée sans raison, laissant le charlatan en proie aux injures d'estomacs trompés et déçus dans leurs appétits. Thomas pensa ne s'en point relever. Il le fit par un coup de maître, en allant en grand équipage féliciter le roi et la reine, coiffé d'un bonnet triomphal dont la gravure a conservé le burlesque dessin.

Sur ce bonnet, orné de fleurs de lis, d'aigrettes et d'ornements de tous genres, on avait gravé, à l'entour de la bordure, une légende dans le goût de celle du chapeau de Guillot dont parle la Fontaine :

AU GRAND THOMAS,
GRAND OPÉRATEUR DU ROI,
REÇU A SAINT-COME, *pèse 6 marcs 7 onces.*

La légende mise sur la gravure représentant ce bon-

Le Grand Thomas : charlatan ne manquant pas de panache

Une chanson qui était à la mode au siècle dernier, vers 1755, nous apprend que le docteur Thomas s'était établi, en 1719, peut-être même dès 1711, vis-à-vis de la statue de Henri IV, qu'on nommait alors le Cheval de bronze. Il avait été précédemment chirurgien dans le régiment des gardes françaises, puis garçon chirurgien de l'Hôtel-Dieu. Vêtu l'hiver comme l'été, il se tenait sur un char construit dans une forme extraordinaire, recouvert d'une espèce de toiture, entouré de barrières à hauteur d'appui, et porté sur quatre petites roues. C'est là qu'il offrait aux passants son élixir, décoré du nom pompeux d'esprit solaire.

*Il y débitoit pour cinq sous
La médecine universelle.
Et par une secrète cause,
Qu'il connoissoit dans tous les maux,
Il ordonnoit la même dose
Pour les hommes et les chevaux.*

Il paraît, du reste, que si le grand Thomas inspirait généralement de la confiance, il était, quant à lui, particulièrement méfiant, craintif, apprêtant ses repas et se servant constamment lui-même. Il était petit, mais replet et sobre ; il était très habile à arracher les dents ; c'est du moins ce qu'affirme la chanson déjà citée :

*Sa main surpassait son conseil,
J'en atteste l'expérience,
Et le titre de Sans-Pareil
Que sut lui mériter sa science.
Dentistes, honorez son talent,
Rendez hommage à sa mémoire.
Il arrachoit une mâchoire
Plus vite que vous une dent.*

Aussi avait-il auprès de lui, à ce qu'on rapporte, un homme avec un drapeau portant cette encourageante inscription : *Dentem sinon maxillam*. La dent était-elle arrachée, le grand Thomas envoyait le patient se rincer la bouche avec de l'eau-de-vie à la boutique d'une femme, madame Rogomme, qui se tenait auprès de lui. « Allez, disait-il, allez boire un peu de rogomme ; » c'est ainsi qu'il appelait l'eau-de-vie, du nom même de cette femme, et ce nom de rogomme s'est conservé jusqu'à nos jours, dans le langage vulgaire, avec l'acception qu'il lui a donnée.

L'année 1729 fut l'époque où le grand Thomas brilla de tout son éclat. Le 4 septembre, au moment où la nouvelle se répandit que la reine était accouchée d'un fils à cinq heures du matin, il fit conduire son char sur le Pont-Neuf, monta dessus et ordonna à son valet de battre la caisse. Lorsque le peuple se fut rassemblé, il annonça dans un éloquent discours qu'en réjouissance de la naissance du Dauphin il arracherait pendant quinze jours les dents, et donnerait ses remèdes gratis. Un homme si généreux et si patriotique pouvait-il ne pas plaire à la multitude !

Ce ne fut pas tout : après avoir fait sa cour au peuple, le grand Thomas alla en cérémonie complimenter le roi et la reine. Au-dessous d'une gravure qui représente notre opérateur se rendant à Versailles, on lit quelques lignes de texte qui donnent une idée de la magnificence de ce singulier personnage. Nous les croyons assez intéressantes pour être rapportées textuellement : « Le superbe cheval qui avoit l'honneur de porter l'incomparable Thomas étoit orné d'une prodigieuse quantité de dents enfilées les unes avec les autres. Un valet avoit soin de le traîner par la bride, de peur que la joie et les acclamations du peuple ne le fissent sortir du sérieux qui convient à une pareille cérémonie. Les ajustemens du grand Thomas étoient nouveaux et extraordinaires. Son bonnet d'argent massif et d'un travail achevé, avoit à son sommet un globe surmonté d'un coq chantant. Le bas de ce couvre-chef étoit terminé par un retroucy au milieu duquel on voyoit les armes de France et de Navarre, et sur le côté gauche un soleil et ces mots : *Nec pluribus impar.* Son habit d'écarlate fait à la turc étoit garni de dents, de mâchoires et pierreries du Temple ; de plus, il avoit un plastron d'argent qui représentoit un soleil, mais si lumineux que l'on ne pouvoit le regarder que de côté. Son sabre étoit long de 6 pieds. Sa suite étoit composée d'un tambour, d'un trompette et d'un porte-drapeau qui marchoient devant lui ; à ses côtés, il avoit un tisanier et un pâtissier, etc. »

Voilà tout ce qui est parvenu jusqu'à nous des faits et gestes du grand Thomas. Sans les deux estampes qui ont paru au moment de sa vogue, et dont nous avons ici reproduit un détail, le nom de ce grand charlatan serait peut-être maintenant inconnu, malgré tous ses titres à la gloire. Un d'entre eux qu'il ne faut pas oublier, c'est d'avoir mérité le surnom de *Médecin des pauvres,* auxquels il ne demandait aucun salaire. Ce titre est assurément plus grand que tous les autres. ■

D'après... Le Magasin pittoresque paru en 1841

net d'or massif portait en termes pompeux et charlatanesques les louanges « du grand Thomas, opérateur sans pareil » et « la douceur dont (sic) il a arraché gratis pendant quinze jours les dents les plus tenaces. » Cette curieuse estampe se vendait chez un vitrier de la rue Galande.

Thomas était un philanthrope, presque un physiocrate, mais se défiant tellement de ses semblables qu'il n'eût rien mangé sans un sérieux examen préalable. Lorsqu'il mourut, l'inventaire révéla que cet empirique, cet homme adoré des foules, qui passait pour un richard, ne laissait que peu de chose. Outre la voiture à parapluie et le fameux bonnet d'or dont nous parlions plus haut, Thomas ne possédait guère que 54 à 55 000 livres et sa maison de l'île de Notre-Dame, au quai d'Orléans, où il mourut entre deux gardes-malades. C'était peu comparé à ce qu'un tel homme eût gagné en d'autres temps. Il s'éteignit en 1757, fort âgé, et l'inventaire en question est la seule pièce qui parle de la mort de ce charlatan.

Pierre Fauchard discrédite les charlatans et jette les bases de la science dentaire

Avec le commencement du XVIIIe siècle apparaissent les dentistes au sens vrai du mot, et Pierre Fauchard, le premier et le plus remarquable, écrit, en 1728, son *Chirurgien dentiste*, dans la préface duquel il signale toutes les imperfections d'un art si nécessaire. Il constate qu'à cette époque il n'y a en France « aucun cours particulier de chirurgie où la théorie des maladies des dents soit amplement enseignée, et où l'on puisse s'instruire à fond de la pratique de cet art ». Fauchard flétrit l'indifférence des grands chirurgiens pour cette partie secondaire de la science. Qu'arrivait-il par là ? C'est que « des gens sans théorie et sans expérience s'en sont emparez et la pratiquent au hasard, sans principes et sans méthode », et si l'on a forcé certains d'entre eux à se faire recevoir à Saint-Cosme, c'est après un examen tellement superficiel qu'il serait oiseux de le prendre au sérieux.

Pierre Fauchard

Le Grand Thomas sur le Pont-Neuf

Fauchard, qui avait longuement étudié, était un élève d'Alexandre Poteleret, chirurgien des flottes, et dentiste émérite. Il avait hérité de la haine de son maître pour les charlatans ; il démontre l'ignorance de ces gens et le danger qu'il y a de se confier à eux. Il cite entre autres exemples celui d'un seigneur bourbonnais à qui un opérateur de village avait enfoncé une incisive dans la mâchoire comme un clou, en assurant que le patient avait avalé la dent. Fauchard eut une certaine peine à faire pénétrer dans le public la méthode de plomber les dents. En général, on se défait des instruments d'acier avec lesquels l'opérateur nettoyait la dent gâtée, et l'on eût voulu que ces instruments fussent d'or, comme ceux dont on se servait pour le roi. Mais, dit Fauchard, M. Dionis, qui avait répandu ce bruit, savait bien qu'il n'y avait d'or que le manche, et que jamais l'or n'eût pu attaquer efficacement les parties dures de la dent.

La *prothèse*, ou méthode consistant à remplacer les dents perdues par des pièces artificielles, était encore très rudimentaire au temps de Fauchard. On se servait surtout de dents humaines, mais aussi de celles du bœuf, de l'hippopotame, du cheval et du mulet, « dans le cas où l'on ne peut avoir des dents humaines assez larges et même assez blanches pour remplir la place d'une autre dent ». Dans certains cas on blanchissait tout simplement des os que l'on taillait ensuite. Aussi bien la prothèse ne manquait-elle point quelquefois d'une certaine férocité. Nous n'en voulons pour témoignage que l'histoire de la dent de M. de Romatet, capitaine au Royal-Bourbonnois, qui se fit mettre une dent saine arrachée à un de ses soldats. Le plus curieux de l'aventure fut que la nouvelle venue s'acclimata si bien chez son nouveau propriétaire qu'elle y détermina une foule de maux, lesquels nécessitèrent une extraction fort pénible.

Le cabinet de Fauchard était des plus courus, et les gens de distinction y coudoyaient les artistes. Il nous a conservé lui-même le nom de quelques-uns de ses patients : Mme de Sève, le comte de Corneillon ; l'abbé de Rothelin ; Feydeau, le peintre Hallé, professeur à l'Académie, qui avait vu la dent de sagesse lui pousser à soixante-neuf ans ; l'acteur Duchemin ; le peintre Octavien, qui se brisa une dent en mangeant « une fricassée de pieds de mouton » ; le marquis de Parabère, et tant d'autres. Le malheur voulut que Fauchard fît école de littérateurs sinon de dentistes, et la rage d'écrire s'empara d'autres qui ne le valurent point : Vase traite de l'*hémorragie dentaire*; Robert Bunon, de l'hygiène dentaire ; puis vinrent Lécluse, qui entre temps fonda le théâtre des Variétés en 1777 ; Bourdet, un vrai dentiste, et Botot qui clôt la série des opérateurs dentaires avant 1789. ■

D'APRÈS...
> *Histoire anecdotique des métiers avant 1789* paru en 1892

Le saviez-vous ?

La grande ROUE : attraction en 1900

La Roue de l'avenue de Suffren, dont la puissante armature commence à dessiner sur le ciel le colossal contour de sa circonférence, est une des attractions futures de l'Exposition de 1900. L'état suffisamment avancé de sa construction réussit à donner dès aujourd'hui une idée exacte de son aspect définitif, apprend-on deux ans auparavant. On peut voir déjà à sa périphérie la place destinée aux cabines en tôle qui recevront les voyageurs ; quelques-uns des rayons réunissent la jante à l'axe à l'aide de leurs câbles souples. Enfin, à l'entour, des bâtiments annexes déploient sous forme de colonnettes et d'arcades naissantes les premières lignes d'une architecture élégante et recherchée. Décor séduisant, chargé d'encadrer le monstrueux appareil et de retenir le promeneur par l'attrait des plaisirs divers : cafés-concerts, restaurants à terrasses fleuries, théâtre avec scène complète, toutes choses aptes à faire de l'endroit un lieu de divertissements réunis, susceptible de rivaliser avec les merveilles du Champ-de-Mars et des Champs-Élysées.

Ce n'est pas la première fois que nous voyons s'élever des Roues de ce genre. L'Exposition de Chicago avait la sienne. D'autres ont été montées ces dernières années à Londres, à Blackpool, à Vienne. La Roue de l'avenue de Suffren n'est donc pas, à proprement parler, une innovation ; mais elle l'emporte de beaucoup sur ses devancières par l'ampleur de ses dimensions. Entièrement en acier, elle ne mesure pas moins de 100 mètres de diamètre. La partie tournante, du poids de 650 000 kilogrammes, composée de deux poutres circulaires formant la jante, entretoisées par d'autres poutres en treillis, se meut autour d'un axe forgé d'un seul lingot et pesant à lui seul 36 000 kilogrammes. Cet axe est placé sur deux pylônes formés de huit colonnes réunies quatre à quatre par l'intermédiaire de lourdes entretoises d'acier en treillis consolidées par des tireuses diagonales également en acier, et supportés par des fondations larges et profondes qui les rendent inébranlables aux violences des ouragans. Il y aura quarante wagons, dont plusieurs wagons-restaurants, aménagés et tapissés somptueusement. Huit d'entre eux pourront être chargés et déchargés simultanément ; seize cents personnes environ y tiendront place. Quant au mouvement, l'impulsion en sera donnée par un double câble venant s'enrouler sur des treuils actionnés par deux machines à vapeur et munis de freins à actions instantanées susceptibles, s'il y a lieu, de produire un arrêt immédiat. L'immense appareil emportera ses voyageurs dans les airs à une allure assez vive pour donner l'impression physique d'une ascension rapide. Mais, comme d'autre part le chemin parcouru est considérable, étant donné le développement de la circonférence, les visiteurs auront tout le loisir d'admirer le panorama grandiose de la ville, étendu au-dessous d'eux et vu sous des aspects aussi nouveaux qu'inattendus. Telle est en peu de mots la structure de cet édifice, dont les charpentes, visibles de si loin, ont tant intrigué les passants depuis quelques mois. Nous le devons à une Société composée d'actionnaires français et anglais.

Cette entreprise géante ne peut manquer d'acquérir d'emblée le succès et la vogue qui rendent rapidement populaires les innovations hardies dues à l'ingéniosité savante de notre époque. Le souvenir qu'elle suggère à l'esprit des prodigieux travaux de l'antiquité, accomplis à puissance d'esclaves aux prix de longs efforts, mis en parallèle avec la précision et la célérité relatives avec lesquelles est menée cette construction, est tout à la gloire de notre civilisation moderne, et, l'on ne saurait refuser à tous ceux qui prennent part à l'édification de la Roue de l'avenue de Suffren, en attendant la réussite définitive, une part d'admiration anticipée, sincèrement due à leurs efforts. ■

D'APRÈS... *Le Magasin pittoresque* paru en 1898

Paris-Versailles en CARABAS ?

Au cours de la première moitié du XIXe siècle, le voyage de Paris à Versailles n'était ni court ni facile. A la place Louis XV stationnaient de pauvres voitures, qu'on appelait « coucous » et qui ne partaient que lorsque leur charge de voyageurs était complète, ce qui pouvait obliger à attendre le plus souvent une heure et plus.

Les cochers, peu commodes, s'arrêtaient longuement, sous prétexte de faire reposer leurs haridelles, au Point-du-Jour, à Saint-Cloud, etc. Auparavant il en avait été à peu près de même des « carabas », voitures ayant la forme d'une longue cage et pouvant contenir vingt personnes : on y était fort mal à l'aise ; elles mettaient quatre heures et demie pour aller à Versailles, on allait plus vite à pied ; les places coûtaient vingt-cinq sous. Si l'on pouvait faire la statistique des Parisiens et des Versaillais qui chaque jour allaient d'une des deux villes à l'autre, on aurait presque peine à croire combien ces voyageurs étaient rares en comparaison de ceux qui, aujourd'hui, font à chaque heure le parcours par les deux chemins de fer et les tramways. Cette différence dans les moyens de transport a eu pour conséquence des changements considérables dans les conditions de la vie à Versailles et à ses environs. ■

Transport en coucou

D'APRÈS... *Le Magasin pittoresque* paru en 1886

La France pittoresque — Mœurs/Coutumes

Quand la nourriture des CULTIVATEURS n'était que de végétaux

Depuis une vingtaine d'années, peut-on lire en 1844, les municipalités des villes de France semblent vouloir se mettre en harmonie avec l'état de paix dont l'Europe occidentale peut espérer de jouir longtemps encore.

Elles se livrent de toutes parts aux travaux d'embellissement et d'assainissement. Elles sont entrées dans la voie du confortable, et s'occupent non seulement de percer des rues, de planter des promenades, d'ériger des édifices publics, mais encore d'introduire dans le sein des cités les ressources des manufactures et du commerce, d'y appeler par utiles encouragements l'abondance des objets de consommation et de nourriture habituelle ; dans leurs statistiques on suppute surtout avec attention le nombre des bœufs, veaux, moutons et porcs qui s'y débitent, et on se félicite lorsqu'on peut démontrer un accroissement dans la consommation de la viande sur la table des administrés. Tous ces excellents résultats réjouissent avec raison le cœur des citoyens honnêtes : aussi éprouve-t-on un serrement de cœur bien douloureux lorsqu'en parcourant les campagnes on voit à quel degré de pénurie, de pauvreté, se trouvent réduits les agriculteurs dans la presque totalité de la France.

Soupes aux choux, aux pommes de terre et aux oignons

A la même époque, un ouvrage récemment publié par Leclerc Thouïn à la suite d'une mission dans l'Anjou donnée par le gouvernement à cet agronome distingué, nous expliquait ceci : « Il est telle ferme de 50 hectares, dit Leclerc Thouïn, où la nourriture des maîtres comme celle des serviteurs, se compose à peu près exclusivement de pain fait par tiers avec de la farine de froment, de seigle et d'orge ; d'abondantes soupes aux choux, aux pommes de terre et aux oignons, avec du sel en quantité notable, et de beurre très peu ; de légumes maigrement assaisonnés, ou d'un œuf dur par chaque personne pour le dîner ; aux autres repas, d'un petit morceau de fromage médiocre, de quelques oignons verts et crus au printemps, d'une ou deux pommes de terre en automne, de deux ou trois noix sèches en hiver. Quand, le dimanche, on sert un peu de lard salé, chacun en prend à peine de quoi changer la saveur du pain. Hors les cas de convalescence, il est pour ainsi dire sans exemple de voir les ménagères de la campagne venir à la boucherie. Généralement, on ne boit que de l'eau, ou bien on fait des boissons avec des cormes crues ou cuites, des prunes, des pommes ou des poires écrasées. »

Les cultivateurs du département le plus riche ne mangent jamais de viande de boucherie

Or, il faut remarquer qu'il s'agit ici de la famille et des serviteurs d'un fermier de 50 hectares dans le département de Maine-et-loire, l'un des beaux et des riches départements de la France, traversé dans toute sa longueur par la Loire, situé entre Tours et Nantes, et renfermant en outre plusieurs villes importantes, telles que Angers, Saumur, La Flèche ! Il faut remarquer que ce département produit les cultures industrielles lucratives du lin, du chanvre ; qu'il exporte 400 000 hectolitres de grain ; qu'il envoie parfois à Paris 40 000 barriques de vin ; qu'enfin c'est un de ceux d'où Paris tire la plus grande partie des gros bestiaux qui approvisionnent ses boucheries.

Chose étonnante ! Ce département a dirigé, en 1838 par exemple, sur les marchés de Poissy et de Sceaux, 33 000 bœufs gras, et 17 000 autres sur les marchés voisins ; et c'est là que, dans des fermes de 50 hectares, on ne mange jamais de viande de boucherie ! Lors donc que l'on voit dans un pareil département le cultivateur obligé de se nourrir si parcimonieusement, il est facile de juger ce qu'il doit en être dans les autres contrées pauvres, éloignées des voies de communication, dans le centre de la France ou aux extrêmes frontières ! On ne s'y nourrit que de châtaignes, de bouillies, de pain noir, d'oignons crus et de fruits verts. ■

D'APRÈS...

> *Le Magasin pittoresque* paru en 1844

Le saviez-vous ?

Les **dépouilleuses** d'enfants au XVIIIe siècle

Le crime de voleurs d'enfants se distingue parmi les plus odieux. Le désespoir d'un père, d'une mère, des parents, des amis, est indicible. La pensée seule fait frissonner d'horreur. Il y a quelques années, en Angleterre une petite fille de quatre ou cinq ans fut volée par un saltimbanque. Le père se mit à la recherche de la troupe funambulesque et la découvrit enfin, après quatre ans de courses vaines, sur une place publique, où il reconnut en même temps sa fille en train de faire un tour d'adresse, et le misérable voleur qui la battait en ce moment ! S'élancer sur cet homme, l'étreindre, le soulever, le lancer à terre, le ressaisir, le lancer encore et le tuer, ce fut fait avant qu'aucun assistant eût pu y mettre obstacle ; après quoi, le père, fondant en larmes, prit sa fille sur sa poitrine et perdit connaissance pendant plusieurs heures sans qu'on pût arracher l'enfant de ses bras.

La scène représentée dans notre gravure n'est point aussi dramatique. Il s'agit de voler de beaux habits et de dépouiller les enfants de quelques riches bourgeoises. Il paraît qu'à l'époque où Mercier écrivait son *Tableau de Paris*, les faits de cette nature étaient fréquents. Il y avait alors dans la ville une foule d'allées et de passages à travers les pâtés de maisons qui bordaient les rues tortueuses. Les personnes âgées peuvent se rappeler en avoir vu encore un grand nombre dans le vieux Paris, il y a moins de cinquante ans. Le passage Radzivill, qui fait communiquer la rue Valois avec la rue Radzivill, en donne une idée assez exacte ; mais tous n'étaient ni si éclairés, ni si propres. C'était dans des allées longues et ténébreuses, et où les passants semblaient être de la maison, que les dépouilleuses d'enfants conduisaient leurs petites victimes par l'appât de quelques dragées. Elles étaient munies d'habits d'enfants tout préparés et d'une mince valeur, dit Mercier ; en un tour de main, elles s'emparaient des boucles d'argent, du bon drap, de la soie, et remplaçaient le tout par une souquenille grossière.

Tantôt les enfants, amadoués, se laissaient faire ; tantôt ils criaient ou pleuraient. Dans ce dernier cas, une des complices prenait le ton d'une gouvernante et gourmandait l'enfant ; les passants de faire chorus et de dire, trompés par ces manières : « Voyez donc ce petit mutin ! il faut lui donner le fouet ! » Ce que faisait souvent la dépouilleuse, encouragée par ces propos et pour mieux donner le change. Le pauvre petit, n'osant plus rien dire, fustigé rudement et dépouillé, regagnait en sanglotant sa gouvernante occupée à bavarder chez la mercière voisine. Le succès encouragea ce brigandage, qui finit par provoquer de telles plaintes que la police s'en préoccupa, et une sentence du Châtelet, en date du 8 juin 1779, condamna une raccommodeuse de dentelles à être fouettée publiquement, marquée et enfermée pendant neuf ans à l'hôpital de la Salpêtrière, avec un écriteau devant et derrière, portant ces mots : *Dépouilleuse d'enfants.* ∎

D'APRÈS... **Le Magasin pittoresque** paru en 1872

La **RÉCLAME** d'antan **criée !**

L'annonce et la réclame, qui ont pris, à notre époque, un si grand développement, ont eu des commencements modestes. Jusqu'à la fin du dix-septième siècle, tout ce qui constitue aujourd'hui la publicité ; journaux, avis divers, circulaires, lettres de faire part, affiches, était représenté par des crieurs, fonctionnaires publics assermentés, qui criaient dans les rues les actes officiels, les marchandises, les objets perdus, les enterrements, les convocations, les réunions de confréries, etc.

Le criage, service public, dépendit d'abord du domaine royal. Les crieurs officiels, rémunérés par les particuliers, payaient en retour à l'État une redevance qui devint peu à peu la source d'un important revenu. Ces crieurs remplissaient en même temps les fonctions de contrôleurs. Comme les marchands de vins payaient à la Ville un impôt pour chaque pièce qu'ils mettaient en

Crieur de vin

perce, les crieurs avaient pour mission de contrôler le nombre des tonneaux entamés. Ils surveillaient la préparation du vin, le regardaient tirer et le dégustaient. Puis, les taverniers leur remettaient un broc rempli de vin et un vase, et les crieurs s'en allaient par la ville, criant le bon vin, vantant sa qualité et son prix et le donnant à goûter aux bourgeois qui passaient.

Le roi, qui avait de grandes vignes dans l'Orléanais, faisait venir ses vins à Paris. Chaque tavernier en recevait une partie et devait la débiter pour le compte du monarque par l'intermédiaire des crieurs. Pendant les cinq ou six semaines que durait la vente du vin royal, aucun autre vin ne pouvait être vendu. C'est ce qu'on appelait le droit du *bon vin*, droit qui appartenait à tous les seigneurs et qui ne fut supprimé qu'après 1789. ∎

D'APRÈS... **Le Magasin pittoresque** paru en 1891

TABLE DES MATIÈRES

Quand chapeaux et coiffures faisaient le délice des caricaturistes.. 9
1771 : un escroc magicien sévissant dans la Somme rattrapé par la justice................................ 11
Un nécessaire du XVIIIe siècle.. 11
Usages et superstitions populaires au XIXe siècle.. 12
Croix de Saint-Benoît... 12
Une cruelle bataille : le jeu du cochon... 13
1756 : qui n'a pas son pantin ?... 13
1560 : défense d'aller au cabaret.. 13
La mandragore : plante merveilleuse ?.. 14
Le bonhomme de Fatouville.. 14
Parmentier confère ses lettres de noblesse à la pomme de terre... 15
Légendaires sacrifices humains prêtés aux Gaulois... 17
Le télégraphe triomphe de la vindicte populaire et des difficultés financières......................... 18
1850 : prémices de la crise de la « vache folle » sur fond d'engraissement artificiel............... 21
Querelleuses méfiez-vous !... 22
La mystérieuse Sainte-Ampoule... 22
Origine du mot tintamarre ?.. 22
Quand la porcelaine de Valenciennes le disputait à celle de Sèvres.. 23
Comment nos ancêtres battaient monnaie : l'insolite épopée... 25
Une croisade d'enfants au XIIIe siècle.. 27
Quand les loteries détournaient la loi.. 28
Les Sablaises aiment la cabriole.. 28
Où se cachent les fées ?.. 28
La Schupfe.. 28
Du valet fripon au laquais malin ou le « faisant » devenu « faisan »... 29
Le gigantesque incendie qui ravagea New York... 33
Du XIe au XIIIe siècle : Hassan Ben Sabbah fait trembler le monde... 34
Vauquelin : inventeur incontestable du sirop pectoral de mou de veau..................................... 36
Sinistre destin de Justine-Nicolette de Foix : légende ou réalité ?... 37
Poupées d'albâtre, poupées choyées et privilégiées par le monde la mode.............................. 40
La mode des montres-bijoux initiée par un horloger du roi.. 41
Joutes sur l'eau et cruel jeu de l'Oyson... 42
Un mariage en Sologne... 43
Les crieurs des morts.. 43

L'efficace et redoutable poire d'angoisse : instrument diabolique.. 44
Cadeaux-réclame.. 45
La légende du roi des Francs Childéric Ier... 45
La Voisin : empoisonneuse et sorcière brûlée vive en 1680... 46
Surprenantes machines à voler élaborées avant le XIXe siècle... 50
Un peu plus de lumière sur les fonds secrets... 53
Inondations historiques dévastant les récoltes... 54
Le vieil orme de Salernes (Var).. 54
Les ardoisières d'Angers : pénible labeur initié au VIe siècle.. 55
Pinel met un terme au funeste sort des aliénés, bêtes curieuses au XVIIIe siècle... 57
Diminution alarmante du poisson en 1897... 60
Les ruisseaux de Paris en temps de pluie... 61
Vision d'une procession prodigieuse... 61
Les arracheurs de dents sévissant des siècles durant... 62
La grande roue : attraction en 1900.. 68
Paris-Versailles en Carabas ?.. 68
Quand la nourriture des cultivateurs n'était que de végétaux.. 69
Les dépouilleuses d'enfants au XVIIIe siècle.. 70
La réclame d'antan criée !... 70

Dépot légal : février 2015
ISBN 978-2-36722-005-5

www.ingramcontent.com/pod-product-compliance
Lightning Source LLC
Chambersburg PA
CBHW042018150426
43197CB00002B/69